中等职业教育课程改革国家规划新教材
全国中等职业教育教材审定委员会审定

ZHIYE SHENGYA GUIHUA

职业生涯规划

（第四版）

主　编　柳君芳　姚裕群
副主编　陈　济　田　禾
主　审　朱启臻　张　元

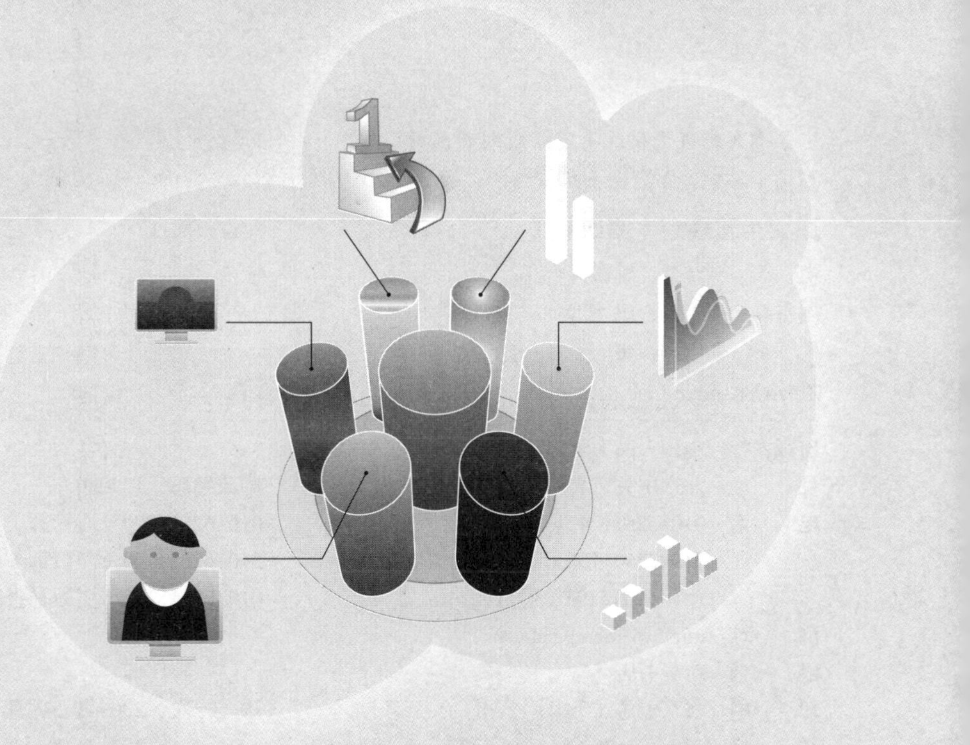

中国人民大学出版社
·北京·

图书在版编目(CIP)数据

职业生涯规划/ 柳君芳，姚裕群主编. -- 4版. --
北京：中国人民大学出版社，2021.5
中等职业教育课程改革国家规划新教材
ISBN 978-7-300-29369-1

Ⅰ. ①职… Ⅱ. ①柳… ②姚… Ⅲ. ①职业选择—中等专业学校—教材 Ⅳ. ①G717.38

中国版本图书馆CIP数据核字（2021）第080528号

中等职业教育课程改革国家规划新教材
全国中等职业教育教材审定委员会审定
职业生涯规划（第四版）
主　编　柳君芳　姚裕群
副主编　陈　济　田　禾
主　审　朱启臻　张　元
Zhiye Shengya Guihua

出版发行	中国人民大学出版社		
社　址	北京中关村大街31号	邮政编码	100080
电　话	010-62511242（总编室）		010-62511770（质管部）
	010-82501766（邮购部）		010-62514148（门市部）
	010-62515195（发行公司）		010-62515275（盗版举报）
网　址	http://www.crup.com.cn		
经　销	新华书店		
印　刷	北京七色印务有限公司	版　次	2009 年 6 月第 1 版
规　格	185mm×260mm　16 开本		2021 年 5 月第 4 版
印　张	11.75	印　次	2021 年 8 月第 2 次印刷
字　数	240 000	定　价	25.60 元

中等职业教育课程改革国家规划新教材
《职业生涯规划》（第四版）编审委员会

（排名不分先后）

出版说明

为贯彻《国务院关于大力发展职业教育的决定》（国发〔2005〕35号）精神，落实《教育部关于进一步深化中等职业教育教学改革的若干意见》（教职成〔2008〕8号）关于“加强中等职业教育教材建设，保证教学资源基本质量”的要求，确保新一轮中等职业教育教学改革顺利进行，全面提高教育教学质量，保证高质量教材进课堂，教育部对中等职业学校德育课、文化基础课等必修课程和部分大类专业基础课教材进行了统一规划并组织编写，从2009年秋季学期起，国家规划新教材陆续提供给全国中等职业学校选用。

国家规划新教材是根据教育部最新发布的德育课程、文化基础课程和部分大类专业基础课程的教学大纲编写，并经全国中等职业教育教材审定委员会审定通过的。新教材紧紧围绕中等职业教育的培养目标，遵循职业教育教学规律，从满足经济社会发展对高素质劳动者和技能型人才的需要出发，在课程结构、教学内容、教学方法等方面进行了新的探索与改革创新，对于提高新时期中等职业学校学生的思想道德水平、科学文化素养和职业能力，促进中等职业教育深化教学改革，提高教育教学质量将起到积极的推动作用。

希望各地、各中等职业学校积极推广和选用国家规划新教材，并在使用过程中注意总结经验，及时提出修改意见和建议，使之不断完善和提高。

教育部职业教育与成人教育司

前言　编织放飞梦想的翅膀

今天，我们走进中等职业学校的大门，开启人生的新阶段。

我们将开始新的学习，编织放飞梦想的翅膀，为将来从事相关的职业做好准备。这是人生道路上迈出的关键一步，是帮助我们走向成功职业生涯的一个新的起点。

新中国成立七十多年来，我国创造了世所罕见的发展奇迹。21 世纪全球的经济和科技都在迅速发展，我国的改革开放大大促进了经济和科技发展，取得了历史性的伟大成就。随着改革开放的进一步深化，中华民族面临着更大的历史发展机遇。我们的各项事业也正在稳步推进与提高，职业教育在社会经济发展中的作用日益凸显。党的十九大报告指出，要建设知识型、技能型、创新型劳动者大军，弘扬劳模精神和工匠精神，营造劳动光荣的社会风尚和精益求精的敬业风气。这为职业教育发展指明了方向，规划了前景。国家出台了新型城镇化、中国制造 2025、“十四五”规划和 2035 远景目标等事关国家和民族未来的建设规划，推进发展模式的转变，进一步促进产业结构转型升级，加快农业农村现代化，实行创新驱动发展战略，这些都对职业教育人才的培养提出了新的要求，同时也给中职学生的职业生涯规划提供了宏大的时代背景。

在中等职业教育的实施过程中，我们应该看到当前社会生产力的主力人群的一些新特点。中职生人群的年龄结构已经从“90 后”向“00 后”变化，改革开放所创造的物质财富，使得这一部分年轻人越来越多地从关注物质层面的满足转变到注重精神层面的满足。因此，在职业生涯规划课程中，要重点帮助中职生实现从初级人才向高级人才、从传统型人才向现代型人才、从单一型人才向复合型人才的转型，使其把自身岗位作为实现梦想的平台、把从事的产业作为实现自我理想的依托，实现成功就业和创业。

要想制定出一个适应新时代特点的职业生涯规划，就必须要深入了解什么是职业。对于“职业”一词，大家并不陌生。我们了解自己父母、亲友的职业，看到老师们辛勤的职业劳动，还知道营业员、经理、秘书、会计、司机、医生、律师、工程师、修理工、程序员等许许多多的职业岗位。但是，我们对五花八门的职业的全面含义还不太了解，对自己所学的专业知识还未完全掌握，未来从事的职业还不确定，对未来的职业生涯也比较迷茫。因此，我们需要学习与职业和个人职业生涯发展有关的知识。

从个体层面来看，人在年轻的时候努力学习、奋力拼搏，到了垂暮之年，最让自己感到欣慰的就是事业有成。漫漫人生路，最动人的篇章就在于职业生涯。职业活动本身展现了生命的意义，职业的成功可以升华为人生的美好。从国家层面来看，青年兴则国家兴，青年强则国家强。五四运动以来，中华民族在努力寻求着自己的强盛之路。1921 年中国共产党成立，经过多年浴血奋战，建立了新中国，带领中国人民走上社会主义道路。由于社会主义道路的制度优势，我们得以应对各种风险，战胜诸多困难，克服了重重障碍；在我们实行改革开放、发展社会主义市场经济的过程中，党和国家统筹规划，从各方面大力治理，促进了经济、社会、科技的快速和稳定发展，取得了辉煌的成就。中华民族伟大复兴的中国梦需要在一代代青年的接力奋斗中才能变为现实，无数个个体的成就共同铸就国家的兴旺发达。

当今时代，是我们为全面建成小康社会、进而全面建设社会主义现代化强国进一步奋斗的决胜时代。经济、社会、科技的长期持续发展，使个人有了越来越多的选择机会和越来越大的发展空间，也面对着更多、更复杂的情况。顺利就业并在职业岗位上获得良好的发展，已成为大家普遍关注的问题。

时代的变化是多方面的，整个社会都在经历从传统向现代转型的巨变。在多变的社会大环境中要选择并走好职业道路，主动适应这些变化，确定适合的人生角色，做好职业生涯规划至关重要。从学校毕业后，我们就要开始自己的职业生涯，因此要有未来的奋斗目标，有未来的发展理想。今天的学习生活，如何与未来的职业发展道路联系起来呢？职业生涯规划课程能够帮助我们思考这一问题、解决这一问题。

职业生涯规划课程能够帮助我们认识职业、了解职业生涯规划的基本知识，帮助我们树立自己的职业理想，使我们成为具备高素质技术技能的职业人，成为有担当、德智体美全面发展的社会主义事业的合格建设者和可靠接班人；职业生涯规划课程能够帮助我们认识到科学的职业生涯规划是我们实现职业理想、达到人生目标的有力保障。学习了职业生涯规划课程，我们能够了解自己所学习的专业，了解与所学专业相对应的职业对我们素质的全面要求，坚定“天生我材必有用”、学好专业有前途的信心。学习了职业生涯规划课程，能够帮助我们了解个人职业生涯发展目标、发展台阶的有关知识，了解如何制定实现目标的措施，为未来进入职场做好准备。学习了职业生涯规划课程，能够帮助我们以正确的观念看待社会就业问题和个人择业问题，并学习求职的基本方法，了解创业的基本知识，做好适应社会、融入社会的准备。学习了职业生涯规划课程，还能够帮助我们了解如何执行职业生涯规划的措施和如何评价职业生涯规划，并掌握调整职业生涯规划的时机和方法。

同学们，中国特色社会主义进入新时代，实现中华民族伟大复兴是近代以来中华民族最伟大的梦想。有了经济发展和社会安宁，才有人民的幸福，中华民族才能繁荣富强。建设社会主义现代化强国是我们的宏伟目标，职业教育作为国民教育体系和人力资源开发的重要组成部分，是广大青年打开通往成功成才大门的重要途径，肩负着培养多样化人才、传承技术技能、促进就业创业的重要职责。使命召唤担当，使命引领未来！伟大的新时代为我们实现职业理想提供了很好的环境。我们的职业理想要靠职业生涯规划来编织，靠现在的努力学习、勤于实践来保证，靠就业后的辛勤劳动来实现。梦想从学习开始，事业靠本领成就。

心中有梦不放弃，明天一定会更好！

编者

目 录

模块一 职业生涯规划与职业理想

第一课 面向未来的职业生涯规划 /2

一、命运之魂——职业与职业生涯 /3

二、漫漫人生需运筹——职业生涯的特点与职业生涯规划的重要性 /7

三、成功属于我——中职生职业生涯规划的特点 /10

第二课 职业理想的作用 /15

一、指路的明灯——职业理想对人生发展的作用 /15

二、从小我到大我——职业理想对社会发展的作用 /20

三、天时地利人和——职业生涯规划与职业理想的实现 /24

模块二 职业生涯发展条件与机遇

第三课 发展要从所学专业起步 /30

一、寻找飞翔的起点——专业和专业对应的职业群 /30

二、素质是成功的基础——职业对从业者的素质要求 /32

三、职场通行证——职业资格与职业生涯发展 /35

四、天生我材必有用——树立正确的成才观 /39

第四课 发展要立足本人实际 /45

一、最好的老师——兴趣分析与培养 /45

二、认识你自己——性格分析与调适 /48

三、发现自己的亮点——能力分析与提高 /50

四、做人生的掌舵人——职业价值取向分析与调整 /51

五、每天进步一点点——个人学习状况和行为习惯分析与改善 /54

第五课　发展要善于把握机遇 /59
一、善于挖掘身边的资源——家庭、学校状况分析 /59
二、善于把握社会趋势——行业发展动向分析 /61
三、善于利用本地优势——区域经济发展动向分析 /66

模块三　职业生涯发展目标与措施

第六课　确定发展目标 /72
一、描绘理想的轨迹——职业生涯发展目标的构成 /72
二、斟酌现实的选择——职业生涯发展目标必须符合发展条件 /75
三、定位人生的坐标——职业生涯发展目标的选择 /78

第七课　构建发展台阶 /82
一、不谋一时，不成一事——阶段目标的特点和设计思路 /83
二、千里之行，始于足下——近期目标的重要性和制定要领 /85
三、查漏补缺，止于至善——围绕近期目标补充发展条件 /88

第八课　制定发展措施 /92
一、好的开始是成功的一半——制定发展措施的重要性 /92
二、细节决定成败——措施制定三要素 /94
三、明天就要出发——实现近期目标的具体计划 /97

模块四　职业生涯发展与就业、创业

第九课　正确认识就业 /104
一、为了成功的明天——职业生涯发展与就业观 /104
二、审时度势——就业形势、就业政策与择业观 /106
三、理想走向现实—— 提高就业质量 /110

第十课 做好就业准备 /114

一、职场的呼唤——做好从“学校人”到“职业人”的角色转换 /114
二、塑造符合社会需要的“我”——做好适应社会、融入社会的准备 /118
三、找工作有诀窍——掌握求职的基本方法 /119

第十一课 创业是就业的重要途径 /124

一、事业由我开创——创业的重要意义 /124
二、成功须有才——创业者应具备的素质和能力 /127
三、寸有所长——中职生创业的优势 /131
四、编织理想——在校期间的创业准备 /133

模块五 职业生涯规划管理与调整

第十二课 管理规划，夯实终身发展的基础 /140

一、知行合一——认真执行职业生涯规划的各项措施 /140
二、防患于未然——定期检查职业生涯规划执行实效 /143
三、学无止境——珍惜在校生活，奠定发展基础 /146

第十三课 调整规划，适应发展条件变化 /151

一、与时俱进——调整职业生涯规划的必要性 /151
二、机不可失——调整职业生涯规划的时机 /153
三、有想法更要有办法——调整职业生涯规划的方法 /156

第十四课 科学评价职业生涯发展 /162

一、姹紫嫣红都是春——评价职业生涯成功的不同价值取向 /162
二、全面盘点——评价职业生涯发展的要素 /165
三、审慎与亮分——评价自己的职业生涯规划 /167

参考文献 /173
后　记 /174

模块一

职业生涯规划与职业理想

第一课　面向未来的职业生涯规划

第二课　职业理想的作用

第一课　面向未来的职业生涯规划

“凡事预则立，不预则废。”生活中，面对一次旅行，我们通常要预先规划，而成功的人生旅程更需要尽早谋划。我们为什么要从事职业？规划职业生涯对个人发展有什么意义？怎样合理规划职业生涯？通过本课的学习，我们将认识到职业生涯规划对干好一份工作和人生发展的重要意义，制定科学的职业生涯规划，就是在绘制自己人生宏伟大厦的蓝图。

案例导入

事业梦，我的梦

马云首次接触互联网是在1995年初，这对马云来说是一个新领域的冲击。他发现当时网上没有任何关于中国的资料，出于好奇，便请人做了一个自己翻译社的网页，没想到，3个小时就收到了4封邮件。马云敏锐地意识到：互联网必将改变世界！当时的马云已经是杭州十大杰出青年教师，但是看好互联网的未来、特立独行的马云毅然下海，开始筹备创业。“当时觉得互联网不错，就找了24个人到我家里，对着他们讲了2个小时，他们没听懂，我自己也没讲明白，最后说到底怎么办？其中23个人说算了吧，只有一个人说你可以试试看，不行赶紧逃回来。想了一晚上，第二天一早我还是决定继续做，于是做了中国黄页。其实我知道，即使24个人都反对，我也会做下去！”

马云的梦想是建立自己的电子商务公司。1999年，他召集了属下的18个人，并花了2个小时和他们谈自己的看法。所有人都将自己的钱拿了出来，一共凑了6万美元。于是他们开始创立阿里巴巴集团。他们想打造一家全球性的公司，于是取了个“洋名”。阿里巴巴很容易拼写，而且每个人都知道“芝麻开门”的故事。

马云的目标是建立一个电子商务生态系统，允许消费者和企业在线处理任何类型的业务。如今，阿里巴巴已成为世界级的电子商务平台。

1．马云从事过哪些职业？请说说职业对个人发展有什么作用。

2．马云规划了怎样的职业生涯之路？这对我们有什么启发？

一、命运之魂——职业与职业生涯

社会上有各种各样的职业，有医生、教师、营业员、公务员、快递小哥、科学家……随着社会的发展，职业的种类越来越多，职业所涵盖的门类越来越广泛，职业与人们生活的联系也越来越紧密。从进入职业学校学习开始，我们就与职业结缘，了解职业知识、练习职业技能。不久的将来，我们还将以“职业新人”的身份从学校走向社会，开始我们的职业生涯。

职业与人生

人进入成年，“立业”是一个重要的标志。立业，就是找到工作、有了职业，能够脱离家庭父辈的养育而独立生活、自食其力了。从踏入社会做第一份工作开始，我们每天将有三分之一的时间在职场中度过。我们不仅要通过职业维持生活，还要通过职业实现人生的价值。

职业是指人们从事的比较稳定的有合法收入的工作。能称为职业的工作必须具备三个条件：一是有专门的分工、特定的岗位；二是比较稳定，从事某种工作达到一定的时间；三是有一定的工作收入。

想一想

他们做的事是职业吗？

1. 小张昨天当投递员，今天当收银员，明天当司机，一直在不停地变换工作。
2. 小赵喜欢打篮球，这周除正常上班以外，参加了四次篮球比赛。
3. 原国家队女排运动员郎平，重回国家队当总教练。

职业有以下几个特点：

第一，专业性。常言道：“隔行如隔山”，每种职业都有一定的技术含量和技术规范要求。人们在从事某种职业之前，一般要接受特定的专业知识教育，并进行专门的技能或操作训练。随着经济社会的发展，职业对专业技术的要求越来越高。

第二，多样性。俗话所说的“三百六十行”就说明了职业种类的丰富多样。随着社会分工越来越细，人们的生活需求越来越多样，职业种类也越来越多，呈现出更加多样化的特点，这为我们规划自己的未来提供了更为广阔的空间。

第三，时代性。职业的产生和演变与时代的发展和变化紧密相关。高科技时代催生了一批批新的职业，一些传统职业则不断地被淘汰。这就要求我们适应时代的要求，不断地更新自己的知识，根据时代的变化调整自己的职业生涯规划。

知识窗

根据2015年版《中华人民共和国职业分类大典》，我国的职业分类结构为8个大类、75个中类、434个小类、1 481个职业。与1999年版相比，2015年版8个大类未改变、增

加了 9 个中类和 21 个小类，减少 547 个职业（新增 347 个职业，取消 894 个职业）。新增职业包括网络与信息安全管理员、快递员、文化经纪人、动车组制修师、风电机组制造工等。之后，在 2019—2021 年我国又发布了四批共 56 个新职业，职业的数量达到 1 537 个，新增职业有物联网工程技术人员、大数据工程技术员、无人机驾驶员、农业经理人、健康照护师、互联网营销师等。

8 个大类分别是：

第一大类：党的机关、国家机关、群众团体和社会组织、企事业单位负责人，其中包括 6 个中类、15 个小类、23 个职业。

第二大类：专业技术人员，其中包括 11 个中类、120 个小类、463 个职业。该类别主要考量职业的专业化、社会化和国际化水平。

第三大类：办事人员和有关人员，其中包括 3 个中类、9 个小类、26 个职业。该类别强化其公共管理、企事业管理等领域行政业务、行政事务属性。

第四大类：社会生产服务和生活服务人员，其中包括 15 个中类、93 个小类、310 个职业。该职业分类特别关注新兴服务业的社会职业发展，主要按服务属性归并职业。

第五大类：农、林、牧、渔业生产及辅助人员，其中包括 6 个中类、24 个小类、53 个职业。

第六大类：生产制造及有关人员，其中包括 32 个中类、171 个小类、660 个职业。

第七大类：军人，其中包括 1 个中类、1 个小类、1 个细类。

第八大类：不便分类的其他从业人员，其中包括 1 个中类、1 个小类、1 个细类。

▶ **思考：**

1. **上述资料体现出职业的哪些特点？**
2. **请结合自身实际，说说本专业行业所属的职业类别。**

没有职业的人生是不全面的。职业对于我们每个人的生活、发展及自我价值的实现有着重要的意义和作用。

选择职业是人生的大事，因为职业在很大程度上决定了一个人的未来。
——罗素

第一，职业是我们谋生的手段。从职业中获得的收入是每一位劳动者及其家庭成员生存和发展的主要经济来源。

第二，职业是我们与社会进行交往的重要渠道。它使我们以一定的社会角色进入社会，以较为固定的形式同外界进行交往。这种较为固定的社会交往可以使我们保持与社会的联系，不致脱离社会，也不致落后于社会。

超链接

2021 年 2 月，广州市教育局发布《2020 年度广州市中等职业教育质量报告》。报告显示，2019 年广州市中职毕业生共计 30 261 人，就业率为 96%，毕业生初次就业起薪为 2 942 元，比 2018 学年增加了约 200 元。

2019 年，上海市中等职业学校毕业生共 28 287 人，就业率（含升学）为 98.73%，与 2018 年度基本持平。

▶ 思考：

1. **上述资料说明了什么现象？**
2. **请结合自身实际，说说你对中职毕业生发展前景的看法。**

第三，职业是我们实现人生价值的舞台，是我们的人生理想发芽破土、开花结果的土壤。每一个人都有自己的理想，理想的实现需要一定的机遇和物质条件，而职业中就蕴含着丰富的条件和机遇，它给每一个从业人员提供了实现理想的平台。

身边的故事

新时代的工匠

进入中职学校后，初中时贪玩的张志坤迫使自己专心埋头苦学。同学们做一遍的作业，他做上两遍；舍友熬夜打牌闲聊，他熬夜打磨加工零件；他只允许自己每天睡 6 个小时，平日里不是在车间，便是到学校图书馆汲取知识。他学习勤奋上进，训练努力刻苦，却从不张扬。2015 年 8 月 4 日，张志坤以 99.7 分刷新了世赛数控铣项目的最高得分纪录，获得该项目的金牌。然而，张志坤的成绩却只在世赛官网公布 2 个小时便被撤下。张志坤后来才知道，自己的夺冠无意间打破了德国、日本、韩国多年来在世赛数控铣项目上轮流坐庄的局面，3 国代表团推说测量仪可能出现技术故障，成绩需要重新评定。真金不怕火炼。无论是德英的还是日韩的标准，检测结果均显示，张志坤是当之无愧的金牌得主。荣誉因其“难产”更显珍贵，10 天后，世赛为张志坤举行赛史上首次网络颁奖。载誉归来后，经特别批准，张志坤留校任教，被聘为高级技师，成为精英班教练。如今，他对人生有了新的追求：“我要用自己所学，帮助更多学弟学妹铸就金牌人生。”

▶ 思考：

1. **张志坤从事的职业是什么？其职业有什么意义？**
2. **请结合你所学专业对应的职业，说说职业对你的发展有哪些意义。**

第四，职业是我们为社会创造财富的途径。每个人都是社会的一分子，从出生起，我们就享受着社会给我们的福利和服务。作为合格的社会成员，我们也应该对社会有所回报，在工作中为社会创造财富。

超链接

人除了有基本的生存需要（比如吃、喝、睡、安全保障）之外，还有劳动（工作）、家庭生活、社会交往、个人生活等需要。在人际社会互动中，工作其实已经占了最大的份额，所以一个人职业发展的好与坏，会直接对其生活品质、个人成长、家庭和谐等产生重大影响。

职业无疑在人的一生中占据了至关重要的地位，因为职业占据了人们大部分的时间，甚至在一定程度上决定着人们的生活空间和生活形态。在社会经济和科学技术迅速发展的今天，人们的职业视角逐步转移到了强调发展、重视未来、创造有意义的人生上。

职业生涯与发展

职业生涯是一个人一生从事职业的全部经历，即一个人一生连续从事的职业活动的发展轨道。职业生涯发展的过程贯穿于人生的发展过程。职业生涯规划就是对职业生涯乃至人生发展进行持续的、系统的计划的过程。

从进入中职学校学习起，我们就已经站在了职业生涯的起跑线上。在职业生涯的起步阶段，认清自身条件，规划好自己的职业生涯，做好思想、知识和技能上的各项准备，迎接职场挑战，显得尤为重要。

你的命运藏在你自己的胸里。
——席勒

知识窗

职业生涯的五个阶段

成长阶段：职业准备。一般从 14 岁或 15 岁开始，有的延续到 18 岁 ~ 28 岁。主要任务：发展职业想象力，对职业进行评估和选择，接受必需的职业教育。

探索阶段：就业与择业。一般集中在 18 岁 ~ 28 岁。主要任务：在获取足够信息量的基础上，尽量选择一种合适的、较为满意的职业，并在一个理想的互动组织或机构中获得一份工作。

确定阶段：职业生涯初期。一般从就业后一两年到 40 岁。主要任务：学习职业技术，提高工作能力；了解和学习组织纪律和规范，逐步适应职业要求，适应和融入组织；为未来的职业成功奠定基础。

维持阶段：职业生涯中期。一般为 40 岁及之后工作的一二十年时间。主要任务：需要对早期职业生涯重新评估，强化或调整自己的职业理想；调适职业方向，努力工作，有所成就。

下降阶段：职业生涯后期。一般为退休前几年。主要任务：继续保持已有职业成就，维护尊严，与青年人分享工作经验，准备退休。

个人发展与社会进步

一个人的职业际遇，在社会运行的汪洋大海中，犹如一朵浪花，也就是说，大的社会环境及变化从根本上决定了个人的职业命运。我国经济的持续增长会带来越来越多的就业岗位，科技进步和产业升级为人们创造了宽阔的职业活动大舞台和大量的新职业机会，良好的社会体制机制有利于人们追求梦想、规划和实现美好的职业生涯。

从我国的情况看，社会主义市场经济制度有助于促进人们充分就业、和谐工作、成长成才、干出事业，帮助劳动者丰衣足食，使劳动者获得幸福感。今日的中国劳动者，创造了世界第二大经济体，袁隆平水稻产量倍增，高楼大厦林立县乡，“嫦娥一号”探月，“北斗”升空，“蛟龙”入海，快捷舒适的高铁线路从“四纵四横”扩展到“八纵八横”，2020 年实现贫困人口全部脱贫，我国在复杂的国际环境中和进一步开放的过程中确保了经济和社会稳定，这些都体现了国家完备的治理体系和高超的治理能力。

这样的经济奇迹、社会祥和、科技盛宴，是在社会主义制度下实现的，是中国共产党领导中国人民团结奋斗干出来的，是我们在探索中国特色社会主义建设的征程中走出来的。这样的社会巨大进步，给了亿万中国人民生活幸福感和很好的职业发展机会。

二、漫漫人生需运筹——职业生涯的特点与职业生涯规划的重要性

职业生涯是人们一生职业发展、职位变迁及职业理想实现的过程。拥有成功的职业生涯，才能实现完美的人生。正如在大海中航行的船只需要目标一样，只有经过规划的职业人生，才有明确的方向和强大的动力，从而使人能够客观地认识自我，明确目标定位，不断完善自我。

职业生涯的特点

要做好职业生涯规划，首先要了解和认识职业生涯的特点。从总体上看，职业生涯具有以下特点：

第一，独特性。每个人都有自己的职业条件、职业理想、职业选择，都有为实现自己的职业理想所做的种种努力，因此，每个人都有自己独特的职业生涯。

第二，发展性。职业生涯是伴随着个人的成长而发展的。每个人刚进入工作岗位、工作三五年、工作十年和二十年所经历的工作过程不一样，所在的岗位不一样，所做的工作内容也不一样，都处于不断发展中。

第三，阶段性。每个人的职业生涯发展过程都有着不同的阶段，可以分为不同的时期。人在不同的职业生涯阶段有着不同的目标和任务。

影响职业生涯的因素

- ▶ 进取心、责任心与自信心
- ▶ 自我表现认识和自我表现调节
- ▶ 情绪稳定性、社会敏感性
- ▶ 社会接纳程度、社会影响力

第四，终身性。职业生涯是一个动态发展的过程，会随着个人在不同阶段的追求而不断推进，直至职业生涯结束。“老骥伏枥，志在千里”，正反映了人生晚期在职业生涯发展中的精神风貌。

第五，互动性。作为社会中的一分子，人的职业生涯是自己与他人、个体与环境、个体与社会互动的结果。

职业生涯规划的重要性

古人云：人无远虑，必有近忧。我们今天站在哪里并不重要，但是下一步迈向哪里却很重要。职业生涯规划既可以使我们充分认识自己，客观分析环境，科学树立目标，正确选择职业，又为我们提供了走向成功的行之有效的技巧与方法，并帮助我们克服职业生涯发展中的困难，让我们少走或不走弯路。

在现实中，有很多人付出了很多努力却没能取得事业的成功，原因并非是他们没有知识和才能，而是没有设计和采用最适合他们成长与发展的职业生涯规划。对自己的职业生涯做设计规划，就是将自己的理想化为现实的统筹安排，把对未来事业发展的预期转变为明确的行动步骤。职业生涯规划已成为个人就业、择业、从业、创业不可或缺的重要手段。

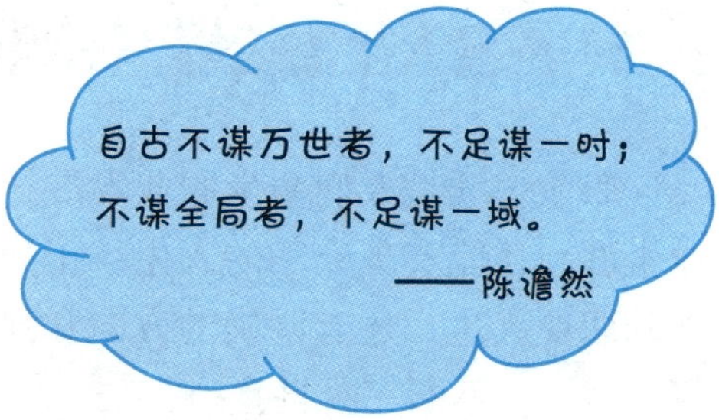

超链接

目标规划与人生

美国哈佛大学对一群智力、学历、环境等条件都差不多的年轻人进行了一次关于目标对人生影响的调查。

最初的调查结果是：27% 的人没有目标；60% 的人目标模糊；10% 的人有清晰但比较短期的目标；3% 的人有清晰而长远的目标。

25 年后，哈佛大学再次对这群人进行了跟踪调查，结果是：那 3% 有清晰而长远目标的人，25 年间他们朝着一个既定的方向不懈努力，现在几乎都成为社会各界的成功人士，其中不乏行业领袖、社会精英；那 10% 有清晰但比较短期目标的人，他们的短期目标不断实现，成为各个行业、各个领域中的专业人士，大都生活在社会的中上层；那 60% 目标模糊的人，他们安稳地生活与工作，但都没有什么特别突出的成绩，他们几乎都生活在社会的中下层；剩下那 27% 没有目标的人，他们的生活没有目标，过得很不如意，并且常常在抱怨他人、抱怨社会、抱怨这个“不肯给他们机会”的世界。

▶ **思考：**

1. **你怎么看待目标规划对人生的影响？**
2. **请结合自身实际，想想你打算成为哪一类人，为什么？**

对我们中职生来说，职业生涯规划的作用具体体现在以下几个方面：

第一，帮助我们确定职业发展目标。职业生涯规划有助于我们认识自己，找出自己的特点，明确自己的优势，从而科学合理地设定自己的职业发展目标。有了目标，一个人才有奋斗的动力，才会努力去创造条件实现目标，才不会随波逐流、荒废青春。

第二，鞭策自己努力学习。职业生涯规划可以增强我们学习的目的性与计划性，明确学习的重点，同时还可以供我们对照规划评估自己取得的成绩，找到不足，找准努力的方向。

“职业生涯规划”能为你做什么？

- ▶ 看社会　▶ 识自己
- ▶ 定目标　▶ 找优势
- ▶ 查差距　▶ 明定位
- ▶ 抓机遇　▶ 促学习

第三，引导我们发挥潜能。职业生涯规划促使我们集中精力，全神贯注于自己具有优势并可能大有作为的方面，发挥最大的潜力，最终拥有成功的人生。

第四，提升我们应对竞争的能力。当今社会处在知识经济迅猛发展、科技日新月异的时代，竞争日益激烈。物竞天择，适者生存。设计好自己的职业生涯规划，有助于我们抓住发展的机会，在竞争中胜出。

身边的故事

小飞的烦恼

从某中等职业学校毕业的小飞，在学校里学的是物流管理专业。上学时小飞曾写过以创业为理想的职业生涯规划，在“文明风采”比赛中还获过奖，然而小飞认为那只是一次比赛而已。毕业时小飞被推荐到一家物流中心当物流调度员，因对这份工作不满意，他干了半年就辞职了。在这一年中，他做过物流调度员、汽车销售员，现在在一家企业当文员。他说：“毕业至今才一年我已经换过三份工作了，总觉得没有一份工作适合自己。”

看到感兴趣的几则招聘信息中所列出的条件，小飞很迷惑：自己好像有不少工作经验，却又很难说达到了职位描述中的要求。想想自己微薄的薪水和狭窄的发展空间，小飞愁眉不展。

▶ **思考：**

1. **小飞在就业中遇到了什么问题？他怎样才能走出职业发展的困境？**
2. **对于小飞走出职业发展困境，你有些什么建议？**

三、成功属于我——中职生职业生涯规划的特点

制定一个方向正确、目标实在、符合实际、内容翔实、措施具体的职业生涯规划，不仅有利于帮助我们思考在校期间如何学习，而且有利于我们实现个人的职业理想，还能帮助我们更好地适应社会、融入社会，为社会发展做贡献。“三百六十行，行行出状元”，只要有一套系统、合理的职业生涯规划，相信我们每个人都能获得成功。

超链接

随着我国教育体制的深入改革，职业教育的发展越发受到国家和社会的重视。2017 年 10 月 18 日，党的十九大报告明确提出：“完善职业教育和培训体系，深化产教融合、校企合作。”2017 年 12 月 5 日，国务院发布《关于深化产教融合的若干意见》。2018 年 3 月 1 日，教育部等六部门发布的《职业学校校企合作促进办法》正式实施。

在新时代背景下，我国职业教育已经出现快速发展、亮点纷呈的可喜局面。这主要体现在三个方面：一是形成相对完备的教育结构。各级各类职业教育得以统筹发展，职业教育、普通教育、继续教育相互沟通衔接，初步构建了人才培养和成长的“立交桥”。二是呈现供需适配的教育规模。目前，全国约有职业院校 1.15 万所，开设了 1 200 余个专业、10 余万个专业点，基本覆盖了国民经济各领域，为世界唯一具有所有工业门类的中国经济建立了相配套的职业教育体系。三是日益提高的教育质量。职业院校毕业生已经成为支撑中小企业集聚发展、区域产业迈向中高端的不可替代的生力军。

教育部陈宝生部长强调：我们既需要培养爱因斯坦，需要培养爱迪生，也需要培养鲁班。建设教育强国，职业教育非常重要。国家将出台法律制度，引导整个社会转变观念，对职业教育高看一眼、厚爱一分，把职业教育看成同学们人生发展的一个非常有前途的选择和途径。

▶ **思考：**

1. **请结合以上资料，说说你对职业教育的看法。**
2. **结合自身实际，说说你对自身未来发展的设想。**

体现主体性

职业生涯规划是规划自己的未来，因此，要以自身的特点为规划的出发点。

我们制定职业生涯规划，首先要明确自己的理想和志向，确定自己的职业发展目标，对自己的将来有所规划。进入中职学校后，我们就是“准职业人”了，而且很快就要步入社会、步入职业的大门，这时，应该对自己的将来有所考虑、有所预期。只有明确了自己将来想要干什么，才能做出适合自己的职业生涯规划。

我们应立足于整个人生来思考、规划自己在校期间的学习和生活，把自己的职业生涯规划与未来的人生发展紧密结合起来，把自己培养成有发展潜力和职业竞争力的人。

一个人有弱点并不可怕，关键是要有正确的认识，认真对待，努力寻找弥补、克服的方法，使自我趋于完善。

另外，制定职业生涯规划还要了解自己的特点、优势、兴趣和不足，从而对自己有一个准确的定位，既不高估自己，又不妄自菲薄，从实际出发规划自己的职业生涯。制定职业生涯规划时要与自己的个性倾向、心理特征及个人能力和特长等方面相结合。通过职业生涯规划，认清自己，充分发挥自己的特长，挖掘自身的潜力。

身边的故事

职业生涯规划要“合身”

小丽身材高挑，性格外向，是一个十分开朗的女孩，从小就向往成为一名出色的“白领”。初中毕业后，小丽进入一所中职学校学习文秘专业。入校后的第一年，她便着手为自己制定职业生涯规划。她看了很多成功人士的职业生涯规划，但都觉得不适合自己。为此她请教了老师，老师告诉她，要制定出一份适合自己的职业生涯规划，首先应认清自己的性格、气质、优势、能力以及兴趣，然后还要给自己一个合理的定位。小丽在经过仔细思考后，认为自己在人际交往与沟通方面有优势，现在所学的专业也比较适合自己，决定努力学好专业技能，进一步锻炼沟通与表达能力，逐步提高英语水平和计算机操作能力，在校期间，考取文秘英语、计算机等方面的专业证书，将来在大型企业找一份文秘类的工作。就这样，她制定了一份属于自己的职业生涯规划。

▶ 思考：为什么小丽看了那么多成功人士的职业生涯规划，却都觉得不适合自己？

突出专业性

制定职业生涯规划，要充分考虑到自己的专业优势。专业技能是我们未来就业的资本。立足于专业，注重发挥专业优势，在择业时才能更具有针对性和方向性，才能在就业市场中准确地找到自己的位置，实现自己的职业理想。

制定职业生涯规划，还要深入了解自身的专业优势，掌握专业核心技能。中职生作为专业技能型人才，不仅要学好专业知识，而且要练好专业技能，为将来的职业发展打下基础。中职生在校期间学习的知识与技能针对性很强，不少知识能直接对应某个工作岗位，这是中职生未来的立足之本。如果中职生能根据自身长处和专业优势规划职业生涯，顺势而为，就会在将来就业的双向选择中更具竞争优势，在未来的职场中也会如鱼得水。

身边的故事

我想当一名优秀的汽车修理技师

我叫陈小华，因为从小对汽车有浓厚的兴趣，所以我选择了跟汽车打交道的专业。我的优点是：身体很好，喜欢打篮球，动手能力强。我的家在农村，村子紧挨着国道，来往的汽车很多，以前我常常去路边的汽车修理店看修车，这为我学习这个专业奠定了基础。现在我们学校里不但有好车，而且能打开看，还有很多进口的测试设备，所以我总是盼着上实训课。

我想当一名优秀的汽车修理技师。不管到哪儿去修车，我都会认认真真地做，我会把自己选择的这份工作当作生活的重要部分。我会认真地对待每一辆车。我的目标是：让客户放心地把爱车送到我这儿来修理。客户取车时，还能从我这儿知道为什么会出这种毛病，平时怎样使用才能避免出这种毛病。

▶ **思考：陈小华的职业生涯规划是否得当？能否体现他的专业优势？**

注重实践性

制定职业生涯规划，要针对自身学习和未来职业的特点，突出实践性的导向，要把参加实训实习和社会实践，不断提高动手能力和实际操作能力，作为制定职业生涯规划的出发点。

为此，我们不仅要明确自己的职业方向，还要了解工作实践对该职业的要求，针对职业对从业者素质和能力的要求来做规划。特别是要在规划中突出对动手能力、操作能力的培养，要利用实习、实践环节，完成所学专业与未来职业的接轨。一旦就业上岗，就是相对成熟的职业人、相对熟练的技术工人，这是我们中职生就业的显著竞争优势。因此，我们要在做职业生涯规划时就把实践环节的内容纳入其中，通过规划和落实措施，把自己培养成一个合格的“准职业人”。

提高职业素养

职业素养是从业者在职业活动中展现出来的工作态度，以及完成工作所需要的各项素质和能力。良好的职业素养是衡量一个职业人成熟程度的标志。良好的职业素养不仅包括扎实的文化基础知识和专业操作技能，还包括良好的职业道德修养和健康的心理素质，以及一定的沟通能力、团队合作意识和责任心等。对中职生而言，培养职业素养具有十分重要的意义。只有具备良好的职业素养，才能取得较佳的工作业绩，在工作岗位上建功立业，为国家和社会做出贡献。

工匠精神是指工匠对自己的产品精雕细琢、精益求精，使之更完美的精神。工匠精神的目标是打造本行业最优质的产品、其他同行无法匹敌的卓越产品。工匠精神就是追求卓越的创造精神、精益求精的品质精神、用户至上的服务精神。

培养工匠精神

有些人心浮气躁，追求“短、平、快”带来的即时利益，从而忽略了产品和工作的品质灵魂，这是不可取的。经济和社会进步要求我们培养工匠精神，打造自己的核心竞争力，依靠信念、信仰，追求卓越。

超链接

劳模精神的核心是工匠精神

劳动模范是广大劳动者的先进代表，每一个时期的劳模，都是那个时代的精神符号和力量化身，劳模精神也就被赋予了时代的内涵和元素。新时期的劳模是改革的先锋和现代化建设的主力，与以往相比，更表现出新的特征，既体现了勤劳之美的精神原色，又展示了创造之美的价值升华。当今时代是一个更加注重精细品质、独特体验的时代，企业对“高、精、尖”“炫、彩、酷”的追求，同工匠精神不谋而合，工匠精神成了劳模精神的新内涵。工匠精神是实干、创新、专注、执着、精益求精，是各行各业的人都可践行的行动指南。

学以致用

[课堂活动]

活动1：各抒己见

几个学生畅谈未来的职业生涯规划：

A同学：我一入学就有规划，但总觉得计划不如变化快，我现在已经在企业实习了，在三到五年内，我会在营销岗位上锻炼自己，之后我准备创业。

B同学：我只有一个目标——毕业三年后成为部门主管，五年后成为公司主管。

C同学：我希望用几年时间的积累让领导信任我并给我更大的舞台。

D同学：走一步看一步，把自己要做的事情做好就行。

E同学：如果发现工作不适合自己，那就换呗，干吗要做规划！年轻就是资本！

讨论：职业生涯规划真的这么重要吗？

活动2：撕纸悟人生

活动内容：

（1）在白纸条上画一个长线段。在起点上写上你的出生日期和年龄0岁，在终点上标注出自己预测的终止年龄。

（2）在线段的适当位置上标注出你现在的年龄，并将这之前的线段撕下来。

（3）在剩下的线段下写出你认为今后的人生中最迫切想要实现的三件事。

（4）在线段的适当位置标注出你想功成名就的年龄，然后将这以后的线段撕下来。

（5）剩下的部分有多少？你手中拿的这段时间是什么？（我们可以用来努力学习

和工作的时间）

活动要求：小组每个人都要参与，每组推选代表进行分享。

讨论：通过参与活动，你有何感受？我们应该怎样利用有限的时间让生命精彩绽放？

活动 3：描绘自己的生命历程

活动内容：请在纸上画三个圆（分别代表过去、现在与将来），代表自己的生命历程。

活动要求：

（1）给每个圆涂 / 写上自己认为能代表该阶段状态的颜色。

（2）每个圆里，注明这个阶段所发生 / 将发生的重大事件是什么，如最伤心、最快乐、最难忘、最艰难、最遗憾、最郁闷、最期待……

（3）展示并陈述自己的生命历程。

讨论：通过参与活动，你有哪些感受？你怎样看待职业生涯规划对生命历程的意义？

[课外拓展]

1. 访一访

走访事业发展较好的校友，看看他们是怎样看待职业生涯规划的。重点了解在他们的职业发展历程中，在校期间的职业生涯规划对他们的成功有哪些帮助。

2. 想一想

与已毕业、就业的校友组织一次郊游或其他活动，在郊游或其他活动中增进彼此的感情，了解职业生涯规划对其成长和发展的重要作用，思考应当怎样规划自己的职业生涯。

3. 写一写

职业生涯规划对我们的职业发展和人生发展有哪些重要意义？

[思考职业与人生]

1. 中职生的职业生涯规划具有哪些特点？
2. 制定科学的职业生涯规划对我们目前的学习和将来的就业有什么帮助？

第二课 职业理想的作用

“志不立，天下无可成之事。”职业理想就像一盏指路的明灯，不仅照亮了我们的职业发展之路，也照亮了我们的人生之路。职业理想对个人发展和社会发展有什么重要意义？确立职业理想要注意哪些事项？通过本课的学习，我们将认识到职业理想对个人发展和社会发展的重要意义，初步确立正确的职业理想，明确职业理想的实现需要科学合理的职业生涯规划做基础。

案例导入

梦想成真

任正非，华为技术有限公司主要创始人、总裁。

任正非出生于普通家庭，上学、当兵、转业。1987 年，年满 43 岁的任正非和同伴集资，在深圳的一个“烂棚棚”里起家创业，成立华为技术有限公司。

一个把企业带向“相当高度”的企业家，一定是一个心怀梦想的人。把华为做成世界优秀企业，是任正非的远大理想。他带领着几十万华为人努力实现着心中的梦想。

创业是艰辛的。任正非说：“当问题集中到自己这里，自己不拿主意就无法运行时，才知道 CEO 不好当。”创业之初，任正非每天工作十多个小时，但公司仍内外矛盾交织。2002 年，公司差点破产了，任正非有半年左右时间经常从噩梦中惊醒。

从内忧外患到奋起反击，任正非越挫越强，只用了短短两年的时间，就凭着一个梦、一双手，跨越沟坎，带领华为实现了技术积累、人才积累、客户积累、品牌积累。这是一个痛苦的过程。面对棘手问题，任正非从不退缩，坚定向前。

今天的华为公司已经是世界著名通信企业，在 5G 等领域领先世界。在华为人的执着努力下，梦想终成现实。

1. 任正非为什么能够克服困难，带领华为走向成功？
2. 你认为职业理想对任正非的职业生涯发展有什么作用？

一、指路的明灯——职业理想对人生发展的作用

人的发展离不开职业，职业是现代人生存、发展的重要条件。人的理想往往会与职业相关联，对于现代人而言，职业理想已日渐成为人生理想的重要组成部分。

[议一议]

同学甲：我的职业理想是毕业后找到一份稳定、收入高的工作。

同学乙：我的职业理想是将来当老板、发大财。

同学丙：我的职业理想是做一名快乐的快递员。

▶ **思考：**

1. **针对以上同学不同的职业理想，请说说你的看法。**
2. **请联系自身实际，说说自己的职业理想。**

职业理想实现的社会条件

理想根植于现实的社会环境中，其实现与具体的社会条件密切相关，也与个人的学业、志向、眼界、奋斗、机遇等有着紧密的联系。理想不能是天马行空、随心所欲的幻想，良好的社会大环境是自己正确思考和确定职业理想的基本条件。经济高质量发展、科技不断进步、就业充分有序、人民安居乐业等，都需要建立在社会安定、经济发展的基础之上。

职业理想确立人生的总体定位

职业理想是个人对未来职业的向往和追求。职业理想并不是虚无缥缈的，而是具体、现实的，是与社会发展密切联系在一起的。从宏观角度来说，我们需要从新时代坚持和发展中国特色社会主义的总目标、总任务这一大的背景来认识我们所处的时代，即从实现社会主义现代化和中华民族伟大复兴的历史视角来树立我们的职业理想。从微观角度来说，就是要确定努力的具体方向，指向具体的工作岗位，并可能有更具体的逐步晋升的岗位阶梯。同时，这种理想不是脱离实际的空想，而是有实现的可能性，并且要根据周围环境的变化不断做出调整。

> 未有不立志之人，便能做得事业。
>
> ——戚继光

知识窗

职业理想有个体差异性

职业理想来源于现实，具有明显的个性化特点。职业理想是多种多样的，一个人选择什么样的职业，与他（她）的价值取向、知识结构、能力水平、兴趣爱好等都有很大的关系。政治思想觉悟、道德修养水准以及价值观决定着一个人职业理想的方向。知识结构、能力水平决定着一个人职业理想追求的层次。个人的兴趣爱

> 只有把人生理想融入国家和民族的事业中，才能最终成就一番事业。希望你们珍惜韶华、奋发有为，勇做走在时代前面的奋进者、开拓者、奉献者，努力使自己成为祖国建设的有用之才、栋梁之材，为实现中国梦奉献智慧和力量。
>
> ——习近平

好、性格等非智力因素以及性别、身体状况等生理特征，也影响着一个人的职业选择。因此，职业理想具有一定的个体差异性。

职业生涯占据了人生的绝大部分，人们对美好生活的向往和追求要通过职业活动来实现。所以，职业理想的确定，就等于为自己确立了人生最主要的奋斗目标，确立了人生的总体定位。我们中职生应当充分认识社会大环境，根据自身的客观条件，树立正确的职业理想，并按照职业理想的指引来规划自己的人生。

说一说

有的人想当医生，有的人想当歌手，有的人想当警察，大家的想法各不相同。三百六十行，你将来想从事哪一行呢？请说说你的职业理想。

职业理想确定人生的具体目标

有了职业理想，就不仅明确了人生的总体定位，也等于找到了从理想到现实之间的桥梁。沿着这一通道，我们还可以规划人生发展各阶段的具体目标。可以说，职业理想是一个“远景规划”，有了这个规划，我们就可以据此确定职业发展的阶段性目标。

同学们请想一想，你在校期间要达到什么目标？工作 5 年后要达到什么目标？ 30 岁时的目标是什么？这样就能够把我们的职业理想落到实处，把一个长期的任务分解成一个个比较小的任务，使我们能够更好地规划和实施每个阶段的行动。

身边的故事

自主创业的“榜样之星”

活泼开朗的小王喜欢旅游，初中毕业后，他进入某职业学校学习旅游服务与管理专业。

小王对自己所学的专业表现出浓厚的兴趣和热情。小王给自己定下了一个目标：成为一名优秀的导游，进而创办属于自己的旅游公司。为实现这样的职业理想，小王不懈地努力着。

在校学习期间，他给自己树立了明确的目标：努力学习专业知识，掌握导游方法和技巧；提升人际沟通能力；积极参加学校的技能大赛；考取导游证书。

毕业后，他一直等待的机会也如期而至。小王在某旅行社找到了一份专职导游工作。他一心扑在工作上，学习知识，积累经验。在工作之余，到各处“取经”和看书成了他生活的主要内容。他经常去当地著名的景点听资深导游的讲解，增强实战经验；他买了很多与旅游有关的书籍，经常泡图书馆，查阅对景点的介绍，增强对名胜古迹、传统文化知识的积累。很快，小王便成长为一名在行业内颇有名气的导游。

凭借做导游时积攒下的启动资金，小王创办了畅游假日国际旅行社。他深入调研市场，找准自身定位，带领公司不断发展壮大。

如今，小王成功地闯出了一片属于自己的天地。凭借自己对旅游事业的满腔热情和执着追求，小王成为一颗自主创业的“榜样之星”，一路顺风顺水，事业蒸蒸日上！

▶ **思考：你认为在小王成功创业的过程中，他的职业理想起了什么作用？**

职业理想是个人成长的动力

一个人只有树立了职业理想，才能努力学习和工作，不断进取，在平凡的工作岗位上勤勤恳恳、任劳任怨，创造出不平凡的业绩。反之，如果一个人缺乏职业理想，就会失去学习和工作的动力，浑浑噩噩，庸庸碌碌，虚度一生。职业理想既能促使我们不断提高自身素质，为从事理想的职业做好准备，又能推动我们的职业生涯不断地向前发展。一个人在能力所及的范围内，追求的目标越高，学习、做事的动力也就越大，潜力就越能得到充分的发挥。

无冥冥之志者，无昭昭之明；无惽惽之事者，无赫赫之功。

——荀况

我们中职生应该根据自身特点及社会发展的需要，确立正确的职业理想，并用职业理想激励自己，使自己能够更快更好地成长，为即将开始的职业生涯做好准备。

思维广角

让中国的大飞机翱翔蓝天——大国工匠胡双钱

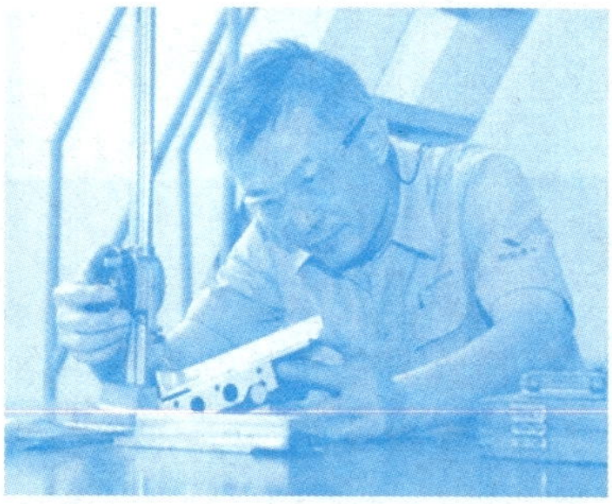

胡双钱，上海飞机制造有限公司高级技师，在航空领域被誉为国宝级技工。

出身于普通家庭的胡双钱从小就特别喜欢飞机，经常跑到机场看飞机。他自幼就立志“要当一名航空技术工人，造出世界一流的飞机”。

从技校毕业后，胡双钱开始了自己的钳工生涯。他凭着对职业理想的追求，靠着钻研和坚守，成为这个行业不可或缺的人才。

作为一名钳工，为了让中国的大飞机在蓝天上翱翔，30 多年来，胡双钱加工飞机零件数十万个，无一次品，创造了打磨过的零件百分之百合格的惊人纪录。在中国新一代大飞机 C919 的首架样机上，有很多他亲手打磨出来的“前无古人”的全新零部件。他说：“零件制造是飞行安全最基本的保障，绝不能出差错，99.99% 和 100% 是天壤之别，是生与死的差别，容不得半点疏忽。”“如果年龄允许的话，我最好再干 10 年、20 年，为中国大飞机多做一点贡献，这是我的理想。”

怀揣梦想，数十年如一日地追求着职业技能的极致化，靠着传承和钻研，凭着专注和坚守，胡双钱缔造了一个又一个“中国制造”的奇迹，在职业岗位上实现了自己的人生价值！

▶ **思考：**

1. **胡双钱的职业理想是什么？**
2. **你认为他的职业理想对其人生发展有哪些作用？**

职业理想促进人生价值的实现

人生价值可分为自我价值和社会价值两个层面。无论从哪个层面去实现人生价值，总要依托某一职业，因此对职业理想的追求必然会促进人生价值的实现。

> 同人民一道拼搏、同祖国一道前进，服务人民、奉献祖国，是当代中国青年的正确方向。
>
> ——习近平

有正确职业理想的人，会对自己的职业前途充满信心，乐于把精力倾注到自己热爱的事业中去，活出闪亮的自我，实现个人价值。有正确职业理想的人，会认识到自己对社会的责任，有“螺丝钉”的精神，爱岗敬业，做好每一项具体工作，在实现自己职业理想的同时创造社会价值，回馈社会。

作为一名有志青年，我们要用职业理想激励自己实现人生价值，服务社会。职业有明显的社会性，每个人从事的职业，在为社会创造价值的同时也在提升自我价值。

超链接

信念是一粒种子

有一年，一支探险队进入撒哈拉沙漠的某个地区，在茫茫的沙海里跋涉。阳光下，漫天飞舞的风沙像炒红的铁砂一般，扑打着探险队员的脸。携带的水没有了，大家口渴难耐，心急如焚。这时，探险队队长拿出一只水壶，说：“这里还有一壶水，但穿越出沙漠前，谁也不能喝。”

这一壶水，成了大家穿越沙漠的信念之源，成了大家求生的精神寄托。水壶在队员们手中传递，那沉甸甸的感觉让队员们濒临绝望的脸上又露出了坚定的神色。终于，探险队走出了沙漠，挣脱了死神之手。大家喜极而泣，用颤抖的手拧开了那只支撑他们从绝望中走出来的水壶，但从水壶中缓缓流出来的却是沙子。

炎炎烈日下，茫茫沙漠中，真正救了探险队员的，又哪里是那一壶沙子呢？他们求生的信念，如同一粒种子，在他们心底生根发芽，最终带着他们走出了“绝境”。

在我们的职业生涯中，职业理想就是我们的职业信念，只要我们坚定信念，就能在职业旅途中创造出自己的人生辉煌。

二、从小我到大我——职业理想对社会发展的作用

> 人民有信仰，国家有力量，民族有希望。
>
> ——十九大报告

我国从半个多世纪前的一穷二白一步步走到今天的发展繁荣，靠的是一代又一代人的顽强拼搏，靠的就是自强不息的奋斗精神。当前，我们既面临着重要的发展机遇，也面临着前所未有的困难和挑战。梦在前方，路在脚下。实现新时代中国特色社会主义的总目标，实现我们的人生价值，需要我们锲而不舍地坚定自己的职业理想，并为之付出不懈的努力。

每个人都是社会的一分子，每个人在自己的工作岗位上辛勤工作，就是为社会、为人类做出了自己的贡献；个人职业理想的树立和为之付出的努力，在客观上推动了社会的发展和进步。

中华民族伟大复兴的机遇与职业理想

小我离不开大我。人的职业理想的建立与实现，离不开个人所处的大环境。今日中国已经取得的各项成就，是我们未来职业生涯的良好起点，也是我们的美好的职业理想能够实现的现实依据。

2021年，在中国共产党成立一百周年之际，我国已实现全面建成小康社会的第一个百年目标。

到2035年，我国将基本实现社会主义现代化。经济实力、科技实力、综合国力将大幅跃升，经济总量和城乡居民人均收入将再迈上大台阶，关键核心技术实现重大突破，进入创新型国家前列。

> 胸怀祖国，放眼世界。

到2049年，即新中国成立一百周年之际，我国将建成一个更加富强、民主、文明、和谐、美丽的社会主义现代化强国。那时，国家治理体系和治理能力的现代化也将达到一个新的高度，中国特色社

会主义制度将更加完善。那时，中华民族将以更加昂扬的姿态屹立于世界民族之林，人们将享有更加幸福安康的生活，人们的社会责任、法治意识、秩序意识和时代担当也将以一个崭新的面貌呈现于世人面前。

面对中华民族伟大复兴的伟大历史机遇，我们中职生应将自己的理想与人类历史发展大势相结合，这样我们的职业理想才能有实践的大舞台，也才有实现的大平台。

职业理想是社会进步的助推器

职业有明显的社会性，每个人从事的职业活动，既是在为实现自己的职业理想而努力，也是在为社会创造价值，履行着公民对社会应尽的义务。

如果每个职业人都乐业、勤业、敬业，各行各业都正常运转，社会就会不断向前发展。能使职业人乐业、勤业、敬业的最佳动力就是职业理想。每个职业人如果都能坚守自己的职业理想，在职业理想的引领和激励下努力工作、奋发有为，主动把精力倾注到自己的职业活动中，就一定能在实现个人职业生涯发展的基础上，推动经济发展，促进社会进步，实现全社会的共同理想。

思维广角

从古至今、从国内到国际，许多科学家、发明家和思想家发挥自己的聪明才智，在实现自己职业理想的同时，为人类、为社会做出了巨大的贡献。战国时期，李冰父子决心变水患为水利，修建了都江堰水利工程，这一杰作至今仍发挥着水利工程的作用；被后世誉为“医圣”的李时珍，历经27年探索，以其毕生精力撰写了巨著《本草纲目》，不仅为中国医药学的发展做出了重大贡献，而且对世界医药学、植物学、动物学、矿物学、化学的发展也产生了深远的影响；屠呦呦发现了青蒿素这种用于治疗疟疾的药物，挽救了全球特别是发展中国家的数百万人的生命；以比尔·盖茨为代表的计算机专家开发了计算机软件系统，让人们在任何时候、任何地方都可以获得信息，享受网络带来的便捷。

▶ **思考：你知道还有哪些名人为人类进步做出了巨大贡献？**

职业理想是构建和谐社会的基础

职业活动是促进社会稳定的重要手段。从业者通过自己创造性的劳动，为社会的发展做出贡献。经济社会发展了，又能创造更多的就业岗位，为更多的人创造就业机会，为从业者增加报酬，从而有助于从业者及其家庭物质和精神生活水平的提高。这一理想的社会状态，来自每个社会成员都有自己的职业理想。如果每个人都能通过正当的职业活动去追求职业理想，就一定能在社会需要的工作岗位上发挥聪明才智，为社会发展做出贡献。

身边的故事

心系家乡，志在远方

小张是我国西部某职业学校电子商务专业的学生。他非常热爱电子商务专业，也特别珍惜在大都市学习的机会，立志努力学习，自主创业，为家乡做贡献。

顶岗实习期间，小张所销售的产品量最多，但始终局限在日用品、文具、零食等产品上。在专业指导老师的帮助下，他开始把关注的目光投向自己的家乡。家乡的特产那么多，拿出来肯定受欢迎。果然，在学校的年货大集上，小张所联系的云南滇红等家乡特产很抢手，他的淘宝店铺更是流量惊人。

在山里长大的小张深知家乡农民的难处，家乡盛产土特产，但是山里的路都是土路，老百姓出入非常困难，土特产想要卖出去就更难了。毕业后，小张带领自己的团队回到了家乡，开了一家滇红淘宝店。小张每天虽然会忙到忘记按时吃饭，但他的脸上总是挂着幸福的笑容，这不仅是因为他的淘宝店生意越来越好，更是因为他在用自己的方式努力改变着家乡。

先富起来的小张没有忘记身边的乡亲，在他的带动下，村里的好多小伙伴做起了电商，路上再也看不见闲逛的年轻人了，更多的是忙碌的身影。老人们笑得合不拢嘴："娃娃进了大都市，见识多了，我们的日子会越来越好呀！"

▶ 思考：

1. 你怎样看待小张的职业理想？为什么？

2. 请结合自己的职业理想，说说案例对你有什么启发。

"中国梦"与我的职业理想

党的十九大报告指出，中华民族伟大复兴的中国梦终将在一代代青年的接力奋斗中变为现实。习近平总书记号召广大青年要坚定理想信念，志存高远，脚踏实地，勇做时代的弄潮儿，在实现中国梦的生动实践中放飞青春梦想，在为人民利益的不懈奋斗中书写人生华章！作为职业学校的学生，要勇于投入实现"中国梦"的伟大建设中！

"中国梦"的本质内涵是实现国家富强、民族振兴、人民幸福。"中国梦"是人民的梦，也是我们青年人的梦。对我们青年人来说，中国梦就是成才之梦、创新之梦、报国之梦。"中国梦"和"我的梦"

紧密相连。我们要确定职业理想，努力学习、勤于学习、善于学习、勇于担当，从一点一滴做起，在工作中贡献自己的力量，实现自己的职业理想和人生价值。只有这样，我们的“中国梦”才能实现。

思维广角

袁隆平的“禾下乘凉梦”

“党的十九大报告再次明确，确保国家粮食安全，把中国人的饭碗牢牢端在自己手中。作为一个粮食人，我肯定要当仁不让地担负起这个责任，而且一刻都不会松懈。”90岁的“杂交水稻之父”、中国工程院院士袁隆平话语铿锵。

袁隆平有一个“禾下乘凉梦”。梦想到禾下乘凉，梦里水稻长得有高粱那么高、稻粒有花生米那么大。这个梦想从他1949年考取农学院时就已萌芽。1953年8月，袁隆平被分配到偏远的安江农校教书，在那里，他工作了16年。在此期间，他经历了“三年困难时期”，曾眼看着一个个因饥饿而水肿的病人倒下。这一幕幕令人心痛的场景，让他下定决心：要发挥自己的才智，培育出亩产800斤、1 000斤甚至2 000斤的水稻新品种！

从此，他一刻不曾停下自己逐梦的步伐，总是步履匆匆，穿梭在稻田之中。

袁隆平及其团队不断取得振奋人心的新突破：超级杂交稻亩产突破1 000千克大关；“海水稻”试种成功，中国15亿亩盐碱地都可以“变废为宝”，种植粮食。

实现从过去的吃饱向吃好转变，从强调产量向兼顾绿色优质的目标转变。称自己是“90后”的袁隆平正在把各种不可能变为可能，给世人带来一次次震撼和惊喜。

▶ **思考：**

1. **“中国梦”和袁隆平的“禾下乘凉梦”是什么关系？**
2. **我们应该怎样为实现“中国梦”而努力？**

中国梦的实现，要依靠全体人民的努力。全国人民坚持共同的理想信念、价值理念、道德观念，弘扬中华优秀传统文化、革命文化和社会主义先进文化，紧密团结，发挥出团结奋进的优势，就会让我们的未来更美好。

习近平总书记指出：青年兴则国家兴，青年强则国家强。青年一代有理想、有本领、有担当，国家就有前途，民族就有希望。作为即将走上工作岗位的青年人，我们中职生应该明确自己承担的社会责任，为了个人的不断进步，也为了国家和社会的不断发展，及早确立自己的职业理想，让职业理想指引我们实现自己的人生价值。

想一想

请列出你的“职业梦”，并思考一下：“中国梦”的实现会给自己的“职业梦”提供什么样的舞台？

三、天时地利人和——职业生涯规划与职业理想的实现

为了努力实现职业理想，发挥职业理想对人生发展、社会发展的重要作用，做好职业生涯规划是十分必要的一步。

思维广角

“世界第一剪”——聂凤

2015 年 8 月 17 日，第四十三届世界技能大赛在巴西圣保罗闭幕。中国代表团表现出色，实现了金牌“零”的突破。

聂凤夺得美发设计行业冠军，成为“世界第一剪”，不仅代表国家实现了该项大赛金牌“零”的突破，还成为亚洲参赛国家 65 年来第一个世界冠军。

小时候，聂凤看到发型师可以把头发做得那么好看、那么酷，长大后成为一名美发师的想法就在她的心里慢慢地发了芽。

在学校，聂凤全身心地投入造型美发的学习中。为了尽快提升自己的能力，除了上课，她还在老师的工作室里进行封闭训练，每天至少练习、操作 12 个小时，一年到头基本上没有休息过。

苦练练就真功夫。很快，聂凤便脱颖而出，入选国家队备战世界技能大赛。为了在比赛中表现出最佳状态，聂凤比初学时更加努力。

把每一个模块都尽可能做到完美，每一项规则和标准都牢记于心，聂凤对细节的极致追求，赢得了评委的一

致认可。

大赛归来的聂凤有了新打算：整理自己几年来从事美发行业以及参加国内外赛事的经验，开发适合中国学生的美发教材；在教师、教练的岗位上，带出一批具备“工匠精神”、受国际认可的学生，为国内美发造型行业助力。

▶ **思考：**

1. **聂凤为实现其职业理想，是怎样进行合理规划的？**
2. **你认为，职业生涯规划对实现职业理想有哪些作用？**

实现“中国梦”需要制度保障

党的十九届四中全会审议通过的《中共中央关于坚持和完善中国特色社会主义制度、推进国家治理体系和治理能力现代化若干重大问题的决定》中指出，我国正处于实现中华民族伟大复兴的关键时期。顺应时代潮流，适应我国社会主要矛盾变化，统揽伟大斗争、伟大工程、伟大事业、伟大梦想，不断满足人民对美好生活新期待，战胜前进道路上的各种风险挑战，必须在坚持和完善中国特色社会主义制度、推进国家治理体系和治理能力现代化上下更大功夫。

坚持和完善社会主义制度，可以对国家的经济活动进行合理规划，集约社会资源进行高质量经济建设，创造巨大的社会财富。改革开放以来，我国的经济发展取得了巨大成就，已经成为世界第二大经济体，产业结构逐步优化升级，形成了世界上最完备的产业体系。

坚持和完善社会主义制度，不仅可以激发社会经济活力，而且能避免破坏社会财富的恶性经济竞争，以及抗击各种风险。2020年，中国面对突发的新型冠状病毒肺炎疫情，在党中央的坚强领导下，在解放军医疗队和各地医疗队，以及全国人民的支援下，抗击疫情之战仅仅两个月的时间就取得了巨大的成功。这一切的胜利体现了中国特色社会主义制度的优势。

职业生涯规划促进职业理想的实现

职业生涯规划有助于职业理想的实现。如果对自己的职业生涯没有科学的规划，那么再正确、再崇高的职业理想也会成为空中楼阁。做好职业生涯规划，就是为了更好地实现职业理想，更充分地发挥职业理想的导向作用和动力作用。

通过规划自己的职业生涯，我们可以更明确自己的阶段发展目标，对努力的方向心中有数；通过规划自己的职业生涯，我们可以细化实现目标和理想的具体措施，能够自我督促、自我激励；通过规划自己的职业生涯，我们可以将实现职业理想的步骤更明确化，使其更具有可操作性，使职业理想不再是空洞的口号，

职业理想的实现不能依赖“明天”，要从现在做起。

而转化为实实在在的行动。

正如习近平总书记所讲的："青年有着大好机遇，关键是要迈稳步子、夯实根基、久久为功。"所以，为了实现职业理想，我们应当从现在开始，着手规划自己的职业生涯，一步一个脚印，朝着自己的职业理想不断迈进。

思维广角

"80后"全国名厨是这样炼成的

少年时期的陈志云曾有一个美好的梦想——跨进大学校门。但由于中考成绩不尽如人意，他就选择了到江苏省海门职业教育中心校烹饪专业学习。进入学校后，陈志云发现，现实和理想是两码事：刀功、翻锅、做面点、擀饺子皮……练这些基本功完全是份苦差事。但是他认为，既然选择了厨师行业，就要走下去，而且还要干得出色。

在校期间，他根据认真思考后制定的职业生涯规划一步步地朝着理想不断迈进。毕业前夕他顺利通过学校规定的专业技能达标考核，并破格通过了江苏省劳动厅中式烹调师高级工考核，如愿以偿地拿到了厨师高级工证书。

毕业后，他踏上了人生的梦想之旅，成为一家酒店的厨师助理。两年后，陈志云选择了到上海一家高档酒店担任一名普通的灶台厨师。薪水降低了，工作也更辛苦了，但厨艺方面的收获却非常大。从学校毕业至今，他四次跳槽学艺，"飞行高度"一次次提升，终于从当初名不见经传的厨师助理，成长为能够独当一面的厨师长。近年来，陈志云获得了很多荣誉："全国优秀中职毕业生"、乡土菜国际烹饪大赛冠军、"爱心杯"国际食神争霸赛特金奖、"中华餐饮十大行政总厨"……

心有多高，梦有多远。"80后"的陈志云没有沉溺于"厨师长""特金奖"这些金字招牌，依然在厨艺大道上追逐新的梦想……

▶ **思考：在陈志云实现职业理想的过程中，职业生涯规划起到了什么作用？**

实现职业理想需要合理规划

职业生涯规划虽然对实现职业理想很有帮助，但并不是随便做个规划就可以促进职业理想的实现，职业生涯规划还必须科学、合理。

什么样的职业生涯规划是科学、合理的呢？

首先，制定职业生涯规划时要瞄准职业理想，以职业理想为目标，不能偏离这一目标。

其次，制定职业生涯规划时要立足自身，从自己的实际条件出发，制定适合自己的职业生涯规划。如果对自己的情况不了解，不清楚自己想干什么、适合干什么、能干什么，就盲目制定职业生涯规划，职业理想的实现便会成为泡影。

最后，制定职业生涯规划时要综合考虑社会因素，如了解市场需要什么人才、当地有什么资源可以利用、哪些人脉资源有助于实现职业理想等，形象地说，就是要做到天时、地利、人和。

我们制定职业生涯规划时，要努力做到上述三方面，从社会现实与发展的需要、区域优势以及自己的特点出发，确保职业生涯规划合理、可行。

天下无难事，只怕有心人。
天下无易事，只怕粗心人。
——袁枚

超链接

如何看待“天时、地利、人和”？

· 天时。要知道国家经济发展的大趋势、我国经济发展处于什么时期、在世界上扮演什么样的角色。天时对每个人都是平等的，天时是机遇，可遇而不可求，必须做好准备，伺机而动。

· 地利。首先要了解本地区的经济特色和未来发展趋势，尽可能利用区域的经济发展机遇；其次要分析所在职业学校的特色、专业特色和毕业生就业特点、就业方向。

· 人和。首先，要了解你的家庭成员及社会关系；其次，要熟悉包括你所在学校教师、同学、朋友在内的人际网络。要处理好你周围的人际关系，并善于从人际网络中寻找对自己未来职业有积极意义的成员，多向他们学习，多与他们交流，从中获益。

学以致用

[课堂活动]

活动1：晒一晒职业理想

著名作家三毛上小学时，在作文里写道：我长大了，想做一个拾破烂的人，因为这种职业，不但可以呼吸新鲜的空气，还可以在大街小巷游走玩耍，一面工作一面游戏，自由快乐得如同天上的飞鸟。更重要的是，人们常常不知不觉地将许多还可以利用的好东西当作垃圾丢掉，拾破烂的人最愉快的时刻就是将这些蒙尘的好东西再度发掘出来。结果三毛被老师当众批评，并被老师留下来重写理想。

讨论：你怎样看待三毛的这种职业理想？请结合自身实际，说一说你想确立怎样的职业理想。

活动2：议一议职业理想对人生发展的作用

教师组织学生分组讨论案例（如下所述），看看这些人的职业理想对他们的人生发展起到了什么作用，其中的共性是什么。

（1）教材“职业理想确定人生的具体目标”部分的“身边的故事”。

（2）教材“职业理想是个人成长的动力”部分的“思维广角”。

（3）教材“职业理想促进人生价值的实现”部分的“超链接”。

亦可选择与学生所学专业相关的案例。

分组学习，4～5人一组。每个小组可以从上述三个案例故事中任选一个进行讨论。

小组讨论约5分钟，每个小组推举一位代表向全班陈述本组的讨论结果。

活动3：查一查职业理想对社会发展的作用

1. 以小组为单位，搜集为社会发展和进步做出贡献的本专业、本行业能手的相关实例，或者搜集从古至今为人类进步做出巨大贡献的三位名人。

2. 课堂交流分享：个人职业理想的实现，对社会发展、人类进步有哪些重要作用？这对我们确立自己的职业理想有哪些启发？

[课外拓展]

1. 写一写

根据你所在地区、所学专业、自身特点、家庭情况、个人爱好等情况，确定你的职业理想。

2. 访一访

访问本地区、本校人士实现职业理想的成功案例，看看他们的职业生涯规划或职业理想能够带给我们哪些启发。

3. 讲一讲

演讲比赛：组织召开以“中国梦，我的职业梦”为主题的演讲比赛，结合全面建成小康社会等内容，畅想自己未来的职业理想。要求讲个人远大的职业理想与国家和社会发展的关系。

[思考职业与人生]

1. 职业理想在我们的学习、成长过程中能发挥什么作用？

2. 职业生涯规划与实现职业理想有什么关系？

模块二 职业生涯发展条件与机遇

第三课　发展要从所学专业起步

第四课　发展要立足本人实际

第五课　发展要善于把握机遇

第三课　发展要从所学专业起步

从事建筑行业的人要懂得建筑结构，从事软件开发的人要懂得编程语言……无论从事什么职业，都需要有基本的专业知识和入门资格条件。当我们确立职业理想后，别忘记专业技能和职业素养是职业成长的基石。万丈高楼平地起，今后从事的职业需要我们在中职阶段砌筑哪些基石呢？

案例导入

玩游戏的安杰

某网络游戏十分火爆，安杰是这款游戏玩家中的佼佼者，组队“开黑”是他日常必不可少的活动，在圈内他是小有名气的高手。安杰平时经常在游戏论坛里写攻略、评论游戏，因为点评分析到位、观点新颖，很多新游戏开发公司都会找他兼职做游戏试玩员。进入初三后，安杰认真思考了未来该走的路，认为自己对网络游戏有浓厚的兴趣，在游戏评论方面也积累了一定的经验，应该能从事游戏制作方面的工作。中考结束后，安杰就带着简历来到游戏开发公司应聘，表示想加入开发团队，但游戏开发公司却以他缺乏专业知识为由拒绝了他。安杰陷入了困惑之中。

1．安杰游戏玩得好，还会写游戏评论，为什么不能做游戏开发工作？
2．从事游戏开发工作需要具备什么条件？

一、寻找飞翔的起点——专业和专业对应的职业群

我们中职生从迈进职业学校大门的那天起，就应开始为自己的职业生涯做准备。面对人生新的起点，我们要做的第一件事便是了解自己所学的专业，培养对所学专业的兴趣。只有掌握扎实的专业知识和技能，才能使自己的职业生涯赢在起跑线上。

我的专业

专业是指高等学校或中等职业学校根据社会专业分工的需要设立的学科类别，如会计、企业管理、餐饮服务、电子商务、文秘等专业。专业是依据社会经济发展、产业结构变化以及市场对人才的需求而设置的。随着经济、技术的高速发展，专业范畴不断扩展，并且转变为

大量新的社会和企业职业需求。

我们在校期间进行专业学习，是为将来从事某一职业做准备的。可以说，专业学习是我们打开职场大门的一把金钥匙。在工作岗位上，如果没有一定的专业知识、专业技能，不具备从业所必需的本领，就无法履行岗位职责。这就像司机不会开车、护士不会打针、教师不会讲课一样。因此，在就业竞争日趋激烈的形势下，只有具备扎实的专业知识和过硬的专业技能，才能在未来的就业竞争中占有优势，为顺利就业创造有利条件。

身边的故事

“落后”还是“必备”？

“哇！不是吧？！现在都什么年代了，还学珠算？”“老师，用计算器和点钞机就可以了！把钱放进点钞机里，钱自动就出来了，而且都是用扎带扎好的！”“真是的，学这些被淘汰了的东西有什么用？！”某财经中职学校会计专业的会计基本技能课堂上，当老师提出要在本学期学习珠算、练习点钞等技能时，同学们纷纷吐槽。老师不急不恼，边听边把算盘教具摆好，说：“你们别小瞧这些，这可是会计专业学生必备的技能。现在很多大单位在进行账表计算时还会用珠算，特别是在进行纯粹的加减法时，珠算比计算器还快呢！来，让你们见识一下珠算的厉害！……”

▶ **思考：**

1. **你所学专业的基本技能是什么？**
2. **为什么要进行基本技能的学习？**

各抒己见

有人说：“中职生只要把专业学好，走遍天下都不怕。”请说说你的看法。

专业对应的职业群

每一个专业既可以对应一个职业，也可以对应一个职业群或几个相关的职业群，甚至对应一个或几个相关的行业。例如，文秘专业可以与前台接待、行政助理、档案管理等职业相对应。同一种专业又可分为不同的专业层次，如专科层次、本科层次。不同的专业层次可对应不同的职业层次，如营销员、营销师、营销经理。职业层次是指在同一种职业或职业类型内部，由于工作活动及其对人员要求的不同而形成的区别。一个人的知识水平在一定程度上决定了其职业层次。因此，当我们确定了自己的工作领域后，还需要进一步探索自己的能力和价值观，以决定自己在所选择领域的哪个层次上工作。如果我们每一个人都能对自己未来将要从事的职业有一个明确的认识和清晰的定位，便可实现党的十九大报告中所提出的“人人皆可成才、人人尽展其才的良好局面”。

> 确定个人志向，选好专业，这是幸福的源泉。
>
> ——苏霍姆林斯基

> 职业群通常指工作内容、操作技能、社会功能及对从业者素质要求相近的若干职业的集合。

每一个专业都能为若干相近的职业群提供必要的基础知识和基本技能。比如，物流专业的学生可以在物流公司、企业物流配送中心工作；计算机专业的学生既可从事多媒体设计、动漫制作工作，也可以从事网络维护、程序开发、计算机应用与维护等工作。

说一说

你所学专业能从事哪些职业？

我们在校学习期间，应该全面、正确地把握所学专业与职业群的对应关系，正确看待专业层次与职业层次的对应关系，了解所学专业对应的职业群是什么，了解本专业层次所能达到的职业层次要求有哪些，从而形成切实的职业理想和目标。

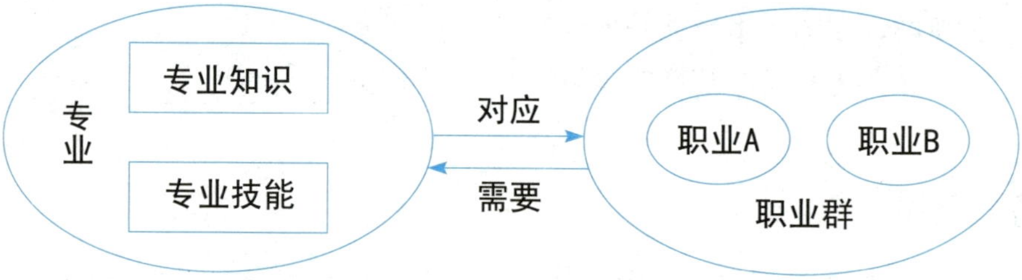

二、素质是成功的基础——职业对从业者的素质要求

当前，各种新老职业对从业者职业素质的要求越来越高，培养和提高自己的职业

素质，对中职生职业生涯的成功有着重要的意义。

职业素质的构成

职业素质是指劳动者在具备一定的生理和心理条件的基础上，通过受教育、劳动实践和自我修养等途径形成和发展起来的在职业活动中发挥重要作用的内在基本品质。不同的职业，对从业者所具备的专业知识和专业技能有着特定的要求。比如，导游要具有丰富的人文知识和出色的语言表达能力等。职业素质具有稳定性、整体性、发展性等特点。

职业素质是一个有机整体，一般来说，职业素质由思想政治素质、职业道德素质、科学文化素质、专业技能素质、身心素质和学习创新素质六个方面构成。不同的职业对素质结构的要求各有不同，其中的专业技能素质要求往往更多、更高。

• 思想政治素质是人们在政治上的信念或信仰，包括世界观、价值观。思想政治素质是职业素质的灵魂，它对其他素质起着统率作用，决定着其他素质的性质和方向。

• 职业道德素质是劳动者在职业活动中通过教育和修养而形成的职业道德方面的状况和水平。它包括劳动者在职业活动中表现出来的职业态度、职业行为规范和职业道德修养等。

• 科学文化素质是人们对自然、社会、文化知识等的认识和掌握的程度，具体包括科学精神、求知欲望和创新意识。

• 专业技能素质是人们从事某种职业时，在专业知识和专业技能方面所表现出来的状况与水平，主要包括扎实的专业知识和熟练的专业技能两个方面。

• 身心素质包括身体素质和心理素质。身体素质是指人体各器官的机能状态；心理素质是指人的个性心理品质的状态和水平，主要包括性格、能力、情感和意志品质等。

• 学习创新素质主要指学习能力、创新意识、创新精神、创新能力、创业意识与创业能力等。党的十九大报告指出：创新是引领发展的第一动力。学习和创新是个人素质的一个亮点，能体现个人的发展潜力及对社会的价值。

英雄的榜样

最早上报疫情的好医生

张继先是湖北省中西医结合医院呼吸内科主任医师、教授，是医院救治一线的“带头人”，他也是2003年参加抗击“非典”的专家组成员，对传染病有很强的排查、诊治和防护意识。

2019年12月26日上午，医院附近小区的一对老夫妻因发烧、咳嗽来医院看病，拍出来的胸部CT呈现出与其他病毒性肺炎完全不同的改变。张继先大夫让老两口叫来他们的儿子做检查，儿子没有任何症状，但一照CT，肺上也有那种表现。同一天，医院还来了一位华南海鲜市场的商户，一样的发烧、咳嗽症状，一样的肺部表现。出于超强的专业敏感意识，张继先认为这个异常情况非常严重，于是向医院院长、院传染病管理部门和医务部做了汇报，坚持上报为新型冠状病毒感染的肺炎疫情，医院将此情况立即上报给武汉市江汉区疾控中心。

张继先大夫第一个为全国和世界的疫情防控工作拉响警报。这位高水平而且特别负责任的医生被国家卫生健康委员会、人力资源和社会保障部、国家中医药管理局联合授予“全国卫生健康系统新冠肺炎疫情防控工作先进个人”称号。

身边的故事

“菜鸟”的蜕变

思明是一个文静、瘦弱的女孩，从小就喜欢画画，一直有个“画画梦”。中考的时候，为了坚持自己的梦想，她不顾父母反对，报了某中职学校的建筑设计专业。在校期间，思明努力学习专业知识，手绘、室内设计等专业成绩多次名列全班甚至年级第一。为了提高专业技能，她每天坚持画图，每一张图纸都反复琢磨，力求完美，练就了扎实的基本功。

毕业后，思明作为“菜鸟”被安排到工地帮师傅搬砖头。对这份看似不起眼而又艰辛的工作，思明并没有抱怨，她借此机会把工地上房屋的原始结构、水泥的配比以及各种施工技巧和注意事项一一记在心里。这段每天都在学习的日子，思明觉得快乐而充实。三个月后，领导交给思明一项任务——完成一张家居施工图的设计。对于刚刚中职毕业的年轻人来说，这几乎是不可能完成的任务。因为所画的每一条线、每一个节点，最终都要通过施工实现，倘若哪条线画错了，就可能使整个工程受影响，损失巨大。思明没有退缩，她找来一张完整的施工图做参考，熬了三天两夜，一笔一画地临摹、对照。三天后，思明把设计图纸交给了领导。领导非常惊讶，他当时只是想让她画张图纸试试而已，没想到这张设计图纸堪称标准！从此以后，领导能够很放心地把设计方面的工作交给思明来做。

思明慢慢地从设计师助理成长为成熟的设计师，她大胆创新，总是勇于挑战别人觉得不可能完成的设计任务，每天琢磨设计方案。如今，思明成立了自己的设计工作室，拥有自己的设计团队，她和她的团队获得了近60项国际建筑设计大奖。

▶ **思考：**

1. **思明为什么能实现自己的梦想？**

2. 如果你是领导，你会把工作交给什么样的员工？
3. 你打算在校期间怎样提高自己的职业素质，以实现自己的职业理想？

职业素质的提高

中职生应该珍惜学校的学习生活，通过各种方式、方法不断提高自身的职业素质，不断提高综合职业能力，为将来就业和创业打下坚实的基础。

科技进步和信息技术的广泛应用加快了经济发展，加剧了市场竞争，使社会生活日趋多元化，也对从业者的知识技能提出了更高的要求，“一专多能”已成为当前从业者综合职业素质的重要标志。中职生应当根据市场经济的要求，不断调整和充实自己，增强综合职业素质，提高谋生本领，使自己更好地就业或创业。

中职生要提高职业素质，需要加强职业道德修养，培养自己的敬业意识、责任意识和诚信意识，还需要不断提高自身的专业技能，强化动手能力，以适应岗位的要求。同时，中职生要积极参加社会实践，在做中学、学中做，把做和学结合起来，提高自己在实践中运用专业知识的能力和综合素质。

超链接

领导重用的人

类型	具体表现
忠诚担当型	为公司着想，为领导分忧
结果导向型	使命必达，没有借口，没有理由
敬业进取型	自发自动，处处超越领导期望
利他共赢型	心有大爱，主动帮助他人
感恩奉献型	主动加班，有牺牲奉献精神

▶ 思考：

1. 很多人认为“我只是一个小职员，不需要这么努力”，对此你有什么看法？
2. 如果你是领导，你最不喜欢的员工是什么样的？

三、职场通行证——职业资格与职业生涯发展

新时代·靓职业

经济发展了，国家富强了，人们进入了小康社会。科学技术给经济社会发展进一步提供了动力，电子计算机的普及、通信方式与工具的革新、物联网等技术的发展，把人类带入了一个崭新的信息社会。科学技术带来的社会翻天覆地的变化，造就了新的时代，也带来了巨量的社会财富和五彩缤纷的新兴产业和新的职业。

在新的时代，老的职业不断变革与提升，新的产业和新的职业大量出现，新的产业有远程医疗、云办公、虚拟购物等，新的职业有社会体育指导师、应急救援员、乳品评鉴师、网络主播等。信息社会极大地改变了人们的生产和生活方式，推动了人类社会的发展与进步。

职业资格

职业资格是衡量人们具备某一职业基本要求的重要尺度。一个人取得职业资格，不仅能提高其职业选择的竞争力，而且有利于提高其就业后的职业转换能力，从而有利于其职业生涯的发展。

> 闻道有先后，术业有专攻。
> ——韩愈

职业资格是对将要从事某一职业的劳动者所必备的学识、技术和能力的基本要求，它包括从业资格和执业资格。从业资格是指从事某一专业（工种）的学识、技术和能力的起点标准，如教师资格、导游资格等。执业资格是指国家对某些责任较大，社会通用性强，关系到国家、社会公共利益的专业（工种）实行准入控制，是依法独立开业或者从事某一特定专业（工种）的学识、技术和能力的必备标准，如执业医师、注册会计师等。

知识窗

职业资格由人力资源和社会保障部门及其委托的机构，通过学历认定、资格考试、专家评定、职业技能鉴定等方式评定。其中，资格考试一般分为笔试和口试，同时还有多种多样的实际操作考核。职业技能鉴定分为五个级别：初级技能、中级技能、高级技能、技师、高级技师。

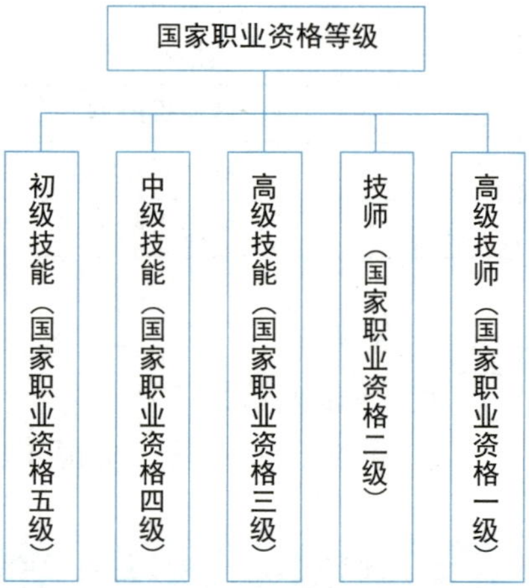

参加职业技能鉴定的人员，可向当地职业技能鉴定中心或其授权的职业技能鉴定所（站）提出申请。申请人需要填写职业技能鉴定申请表，同时需要出示本人身份证、培训毕业（结业）证书、职业资格证书，以及工作单位劳资部门出具的工作年限证明等。

职业资格证书

职业资格证书由政府认定的考核鉴定机构，按照国家制定的职业技能标准或任职资格条件，对劳动者的技能水平或职业资格进行客观公正、科学规范的评价和鉴定后，对合格者授予。职业资格证书制度是劳动就业制度的一项重要内容，也是国家考试制度中的一个类型。

身边的故事

职业资格证书的"资格"

潘康是个活泼外向的男生，初中阶段，他的学习成绩并不拔尖。考虑到自己喜欢动手研究机械，读高中充其量也只能考个大专，因此初中毕业后，潘康报读了某职业学校的电梯安装与维保专业。

在校期间，潘康几乎把各种电梯都拆了一遍，把电梯的运行原理、零件部位等知识熟记于心，专业成绩优秀。后来，他作为队长代表学校参加全国职业院校技能大赛中职组"电梯维修保养"赛获得一等奖！在获奖回到学校后，潘康并没有沉迷于胜利的光环中，而是开始努力学习日语。同学们看见了纷纷取笑他："英语都不会，还学日语呢！"潘康没有理会这些，他靠自己的努力在毕业前考取了日语N4级证书。

毕业后，潘康凭借中职期间考取的"电梯安装与维保"资格证书顺利地进入某知名日系电梯公司从事电梯安装工作。在工作中，潘康一边跟随师傅认真学习操作技能，一边利用空余时间通过网络继续自学日语。两年后，公司选派优秀员工到日本总部进行培训及工作，潘康凭借技术上、语言上的优势获得了这个难得的机会！

▶ 思考：

1. "电梯安装与维保"资格证书和日语N4级证书都是职业资格证书吗？两者有什么区别？

2. 从事电梯安装工作需要什么资格条件？

常见的职业资格证书有：行业单项技术证书，如珠算等级证、财会电算化证书等；专业技术证书，如汽车驾驶证、电工等级证书、建筑业的证书等；公共技能水平证书，如教育行政部门组织的计算机、外语等级测试以及国家语言文字工作委员会组织的普通话水平测试所颁发的相应证书；专业职务证书，如教师资格证书和多种专业技术职务任职资格证书；国际通行的证书，如我国与英国皇家行业协会颁发的各行业等级证书。

说一说

你所学专业涉及哪些职业资格证书？哪些是就业上岗必须具备的？哪些是可选考的？

知识窗

就业准入制度是指根据我国《劳动法》和《职业教育法》的有关规定，对从事技术复杂、通用性广，涉及国家财产、人民生命安全和消费者利益的职业（工种）的劳动者，必须经过培训，并取得相应的职业资格证书后，方可就业上岗的制度。就业准入制度的实施，规范了劳动力市场，优化了从业者的素质结构，提高了从业者的就业能力。

职业资格与职业生涯发展的关系

职业资格是职业生涯发展的前提和基础。当前，“双向选择，竞争上岗”已成为就业的主要形式。有学历并且具备多种职业资格的人才越来越受欢迎。拥有职业资格，可供选择的职业范围将更广，在职业生涯发展过程中也会更有优势。比如旅游管理专业的毕业生，如果除了有学历证书，还有导游证和计算机水平等级证书，便具备了一定的竞争力；如果还有外语水平等级证书，那就可以到涉外单位竞争岗位了；如果再有汽车驾驶证，就更具有竞争力。

> 我国《职业教育法》明确规定：实施职业教育应当根据实际需要，同国家制定的职业分类和职业等级标准相适应，实行学历证书、培训证书和职业资格证书制度。

超链接

职业资格证书和职称的区别

1．颁发部门不同

职业资格证书由政府劳动部门管理和颁发，职称证书由政府人事部门管理和颁发。

2．专业技术职务不同

职业资格证书广泛地适用于在企业单位的基层、中层、高层部门从事技术或管理工作的人员，分初级、中级、高级、技师、高级技师共五个等级。

职称证书适用于在企事业单位的中、高层技术部门从事技术或管理工作的人员，分技术员、助理工程师、工程师、高级工程师共四个等级。

3．过程不同

职业资格是表明从事某一职业的前置条件。例如：要从事律师职业，必须先取得律师职业资格；要从事教学工作，必须先取得教师职业资格。职称从字面上来理解，仅是职务的名称。

职业资格要通过考试才能获得；职称是评定合格才能获得。

4．考试内容

职业资格鉴定考试的内容为职业道德、理论鉴定、实操鉴定。

职称考试的内容一般为基础知识、专业知识与实务，中级以上还要考计算机应用水平、外语，并且需要发表论文。

▶ 思考：“没有职业资格证书也可以找到工作，不考也没有关系。”你怎么看待这种说法？

随着年龄和工龄的增长、生活阅历和工作经验的积累，从业者对自己职称的评定、职位的晋升、工作环境的改善、生活质量的提高等会提出更高的要求，而这一切又提升了从业者对其职业岗位发展的期望。例如：期望从机械专业的技术员晋升为机械厂的工程师。在实现职业生涯目标的过程中，一专多能、专业水平和应用技能（如外语、计算机）水平高的人，往往能获得较多的机会。可见，作为从业者职业技能和水平重要标志的职业资格，已成为促进职业生涯不断发展的重要条件。

四、天生我材必有用——树立正确的成才观

三百六十行，行行出状元

党的十九大报告指出：人才是实现民族振兴、赢得国际竞争主动的战略资源。现代社会对人才的需求是多样的。中职生要从社会需求出发，正确认识和发展自己的潜力，加强专业学习和技能训练，把职业理想和自己所学的专业结合起来，树立正确的成才观，做到“干一行，爱一行；钻一行，精一行”。

常言道：“三百六十行，行行出状元。”这在今天仍然具有重要的现实意义。人一旦进入社会，便要与一定的职业相联系，终生或较长时间从事某种专门业务，并以此为谋生手段。各种职业都是社会发展所不可缺少的，无高低、贵贱之分。只要爱岗敬业、无私奉献、勇于创新，每个人都能干出一番事业。

超链接

宽松环境和专业兴趣让孩子学有所成

太原市一位学生家长表示，帮孩子做好选择，不仅要选教学环境，更要选心理环境。压抑的环境培养不出优秀的人才。近年来，职业学校的吸引力越来越大，一些家长

愿意把孩子送到职业学校。对学生们来说，职校宽松的环境、令人感兴趣的专业更能让他们学有所成。在太原市商贸职校，一位银行行长被教室里的现象深深吸引。那不是一个传统意义上的教室，更像是走进了某银行营业厅：一些学生坐在柜台里“工作”，另一些学生在柜台外当“顾客”，“业务”进行得有条不紊。柜台玻璃上贴着的各国纸币更让他好奇：哪个国家纸币上印着什么样的图案，这些图案在各个时期有什么变化、有什么意义，学生们都能娓娓道来。机械、形式化的银行工作被赋予了更多文化内涵，也赋予了生命与活力。在许多职业学校，数控机床、调酒、品茶、美容美发、烹饪、旅游、酒店管理等以培养技能型人才为主的各类专业，其极强的可操作性和实践性，让学生们兴趣大增。

中华民族几千年的历史，就是各行各业的劳动者年复一年地辛勤耕耘、开拓进取、自强不息而创造的历史。一个人能否有所作为，并不在于他从事何种职业，而在于他能否将个人的理想与社会对职业的需求统一起来。我们正处在人生价值观形成的黄金时期，只要能基本了解和主动顺应社会发展的格局，学好本领，不断进取，使自己的能力适应职业发展的需求，就能成为行业的“状元”。

党的十九大报告指出，要建设知识型、技能型、创新型劳动者大军，弘扬劳模精神和工匠精神，营造劳动光荣的社会风尚和精益求精的敬业风气。

思维广角

三百六十行，行行出状元

相传在宋朝年间，有个叫叶清的人被点了状元。这一日，他骑在马上，前呼后拥，非常得意地在街上走。走着走着，遇到一个樵夫。樵夫见了状元非但不回避，反而高声说：“状元有什么了不起，我要不是小时候家里穷，也能考上状元！”叶清听了非常生气，他问樵夫：“你有什么本事，敢如此口出狂言？”樵夫一听笑了：“世上的学问多着呢，就说砍柴吧，我想怎么砍就怎么砍。”

叶清不信，叫人找来一块方木，弹上一道黑线，让樵夫沿线把方木砍开。樵夫看了看，举起斧头，往下一劈，不偏不倚，正砍在线上。旁边的人都为樵夫喝彩。这时挤过来一个卖油的老翁，说：“我是卖油的，也有绝活，你们看。”说完，他拿出一个小瓶，又在瓶口放了个铜板，右手拿起油桶往下倒油，只见油如同线一样落入瓶中，铜板上没有沾一滴油。四周的人都看呆了。叶清感慨地说：“这真是三十六行，行行出状元啊！”后来，随着行业的增多，人们把三十六行改为三百六十行，也就成了现在人们所说的“三百六十行，行行出状元”。

▶ **思考：在日常生活中，你知道哪些行业状元呢？**

我的专业有前途

专业是职业发展的基础。职业学校的专业设置大都建立在市场调研的基础上，体现了不同职业或岗位对人才培养规格的要求，既与国家产业分类及就业调整相适应，又具有超前性，从而有效地保证了绝大多数毕业生的就业需要。

随着经济发展和产业结构升级，社会需要一大批具有一定职业技能和职业素养的操作型人才，中职生的就业前景日益广阔。

中职生只要认真学习专业知识，掌握相关职业所要求的专业知识和基本技能，通过参加各种技能大赛，在实训、实习、社会实践中锻炼自己，注重培养自己吃苦耐劳、踏实肯干的品质，将来就一定能够找到用武之地，成为有用之才。

各抒己见

同学们事先对国家重点发展的高新技术产业、现代农业、现代服务业中与本专业相关的行业和职业做个小调查，然后开一次班级座谈会，谈一谈“我的专业有什么前途”。

身边的故事

时尚界的“黑马”

“哇……我们的师姐啊，超模啊！”“全球最火的走秀，我们的师姐竟然获得走秀资格。”最近，某纺织职业学校的学生都在热议这个话题，朋友圈也在疯狂转发这个爆炸性新闻。这匹时尚界的“黑马”正是来自这所学校服装设计与工艺专业的学生刘萌。在入学时，她因身形出众，机缘巧合被学校模特队的老师发掘出来。经再三考虑，刘萌决定给自己多一个发展方向，于是她在努力学习服装设计的同时，也在模特队老师的带领下系统地接受模特专业训练。刘萌清楚地认识到模特不是只看颜值，扎实的基本功是必不可少的，自己不是科班出身，所以必须比别人花更多的时间去练习。一个步法，一个转身，甚至一个眼神，她都仔细琢磨，反复训练。功夫不负有心人，刘萌很快便崭露头角。她代表学校参加了省、市中职生技能大赛，都取得了优异的成绩。在老师的推荐下，刘萌到了广州的一家模特公司，正式踏上了专业模特的道路。刘萌深知未来的路更不易走，丝毫不敢懈怠。她通过参加知名时尚杂志大片的拍摄、国际品牌T台走秀，充分锻炼和提升自己。2017 年，刘萌终于踏上了全球瞩目的 T 台，并以稳健的走秀赢得各方赞誉。

▶ **思考：作为一名普通的中职生，刘萌可以登上国际秀场，同样是一名中职生的你，将会登上什么样的舞台呢？**

认识自我，实现自我

如果说顺应社会需要、立足专业发展是个人成功的外部条件的话，那么自我认识和自我实现就是成功的内部要素，是塑造成功职业生涯的根本条件。

认识自我是职业生涯成功的前提条件之一。在职业生涯发展过程中，如果自我主观评价和社会对自己的客观评价趋于一致，就容易成功；反之，就容易失败。所以，中职生应当了解自己的心理特征，经常自省，使自我评价日益接近客观评价；要积极向职业指导教师、心理健康教师及班主任请教、咨询，听取他们的意见，及时发现自己的优势和不足，扬长避短，找到适合自己的人生舞台，增强自己的适应能力，从而在相应的舞台上演绎成功、快乐的职业人生。

实现自我是职业生涯发展的内在动力。中职生正处在人生发展的黄金时期，要立足专业，挖掘自己的潜能，发挥自身的专业优势，确定自己的职业目标，努力工作，并动脑筋在岗位上用好自己的专业知识和技能，为职业生涯的顺利发展打下坚实的基础。

超链接

中职生升学深造途径多

目前，中等职业技术学校毕业生除了可以直接就业外，还可以通过以下途径继续升学深造：

1. 参加“3+证书”考试，报读普通高职院校。

2. 报读开展中高职衔接三二分段试点的高职院校和专业。

3. 参加高职院校自主招生，报考试点高职院校，包括国家示范性（骨干）高职院校单独招生、高职院校面向中等职业学校对口自主招生。

4. 参加成人高考，报读各类高等院校的成人教育。

5．参加自学考试，获取高等教育学历。

6．通过广播电视大学学习考试，获取高等教育学历。

7．全国职业院校技能大赛一、二、三等奖获得者可直接保送升读高职院校。

各抒己见

中职毕业后是直接就业还是升学呢？

学以致用

[课堂活动]

活动1：专业群调查

通过走访专业老师、联系师兄师姐、浏览专业招聘网站等途径，列出你所学专业需要学习的专业课程，以及该专业将来可从事的工作。

所学专业	
需要学习的专业课程	
将来可从事的工作	

活动2：企业岗位要求调查

结合所学专业，进行自我认识，尝试设定未来意向的就业单位及工作岗位。通过网络、报刊等途径查阅意向企业的招聘广告，认真查看该企业对你所意向的工作岗位有哪些具体要求，思考目前你是否能胜任，并填写下面的表格。

企业要求		自身情况	
对从业人员持有的职业资格证书要求		已考取的证书	
对从业人员的岗位要求（工作内容）		目前能满足的岗位要求	
对从业人员的职业素质要求		目前已具备的职业素质	

活动3：昨天·今天·明天

人的一生只有三天，翻过去的是昨天，需要好好把握的是今天，迎面走来的是明天。今天的你是一名在校学生，明天的你将是职场中的一员，如何成功实现角色转换？你将会做出何种努力？请填写下面的表格。

需要提升的项目		提升计划
专业技能方面		
职业素养方面（性格、人际关系、礼仪）		

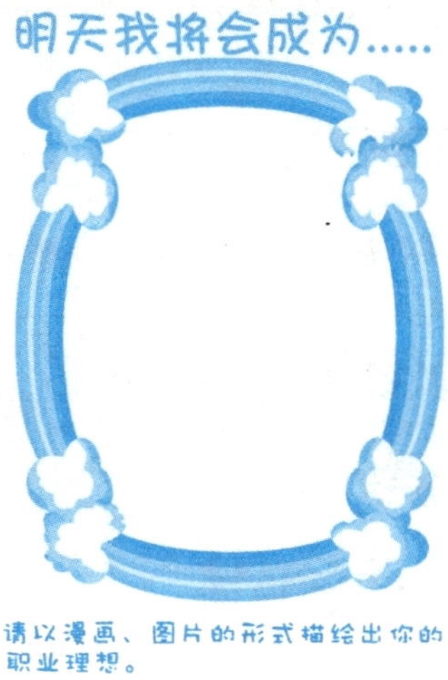

[课外拓展]

联系两名师兄师姐，了解他们的工作近况以及工作中遇到的问题，然后整理交谈内容，并填写下列调查表。

就业情况调查表

采访调查时间：__________　　　　调查对象姓名：__________

所在工作单位：__________　　　　工作岗位：______________

工作年限：______________

调查内容：

1. 工作内容是否与所学专业对口？

2. 企业对该工作岗位的职业资格证书有哪些要求？

3. 企业最重视员工的何种素质？

4. 工作中，你认为是否有提升学历的需要？

5. 你对目前的工作是否满意？

6. 你对即将就业的师弟师妹有什么建议？

[思考职业与人生]

1. 根据所学专业及其对应的职业，描绘自己的职业理想。
2. 在校学习期间，你打算如何提高自己的职业素质？

第四课 发展要立足本人实际

每个人对自己的未来都有着美好的憧憬，但现实告诉我们，如果我们希望在未来有一个比较好的发展前景，就必须立足自身实际，对自己的职业生涯进行规划。那种好高骛远、眼高手低，不考虑自身实际情况的规划，通常不会取得良好的效果。在本课中，我们将通过对自身的兴趣、性格、职业能力、职业价值取向、个人学习情况和行为习惯等方面的分析，为制定科学的职业生涯规划奠定基础。

案例导入

汪涵的主持之路

汪涵是湖南卫视著名的节目主持人，他在二十多年的职业生涯中，给观众带来了无限欢乐。汪涵并没有我们想象中的高学历、好背景。二十几年前，他只是湖南广播电视学校的一名毕业生，被分到湖南电视台的一个栏目当场务。虽然场务的工作有点枯燥，但是汪涵很珍惜在湖南电视台工作的机会。后来由于湖南电视台的人员限制，汪涵去了湖南经视。到了湖南经视，他一开始做的是剧务，事情很琐碎，但是汪涵乐在其中，每件事情都力争做到最好。后来，汪涵逐渐开始尝试现场导演、栏目导演等工作，最终他的主持能力得到了单位同事和领导的认可，他很快便成了万众瞩目的著名主持人。汪涵的每一次尝试，背后所付出的艰辛都是外人难以体会的。做发自内心想做的事，机会自会来。汪涵正是因为对自身职业充满兴趣，享受着职业带来的快乐，因而在电视人的道路上越走越顺，实现了自己的职业理想。

1．汪涵的兴趣与能力对他成为著名主持人有什么帮助？

2．你如何理解“选我所爱，做我所能”？

一、最好的老师——兴趣分析与培养

兴趣是最好的老师，它对人生的发展往往有一种神奇的推动力量。发现并培养自己对专业乃至职业的兴趣，就能够对该种职业活动表现出肯定的态度，乐于发挥积极性，有助于事业的成功。

兴趣与职业

所谓兴趣，是指一个人力求认识某种事物或爱好某种活动的心理倾向，这种心理倾向与一定的情感相联系。中职生如果能根据自己的兴趣确定职业目标，个人的主动性就能得到充分发挥，即使工作十分枯燥和辛劳，也总是兴致勃勃、心情愉快，即使困难重重，也绝不会灰心丧气，而会想尽办法，百折不挠地克服困难。

思维广角

有人给比尔·盖茨出了这样一个题目：“您的办公桌有五个带锁的抽屉，分别贴着财富、兴趣、幸福、荣誉、成功这五个标签，您只能带一把钥匙，而把其他的四把钥匙锁在抽屉里。请问盖茨先生，您带的是哪一把钥匙？”

比尔·盖茨回答：“毫无疑问，兴趣！兴趣中隐藏着你人生的秘密。”

▶ 思考：你的回答是什么？你对哪类事情感兴趣，比如音乐、美术、游戏、体育等。你的专业学科领域有哪些有趣的东西？

职业兴趣是一个人在探究某种职业或者从事某种职业活动时所表现出的特殊个性倾向，它使个人对某种职业给予优先的注意，并具有向往的情感。只要不断培养自己的职业兴趣，就能够让自己在从事这一职业的过程中获得更多的愉悦。

第一，兴趣是职业选择的重要依据。在求职过程中，除了薪酬高低等因素外，兴趣也是职业选择的重要依据。满足职业兴趣需求，常常会使人体验到工作的愉悦，进而形成坚定的职业志趣，并为之尽心竭力。

第二，职业兴趣可以提高职业稳定性和工作满意度，增强职业生涯的适应性。因为兴趣可以通过工作动机促进能力的发挥，兴趣和能力的结合会大大提高工作效率。在职场上，对自己从事的职业有兴趣的人和没有兴趣的人，其工作效率与满意度是不一样的。

说一说

现在有两份工作摆在你的面前：一份工资待遇较高，但与自己的兴趣并不吻合；另一份工资待遇较低，却是自己喜欢的。请说说你的选择，并说明理由。

职业兴趣的培养

职业兴趣是人们通过参与某种自己感兴趣的职业而体验到心理上的满足后产生的长期心理感受。中职生起初可能对许多职业都有兴趣，但这种兴趣往往是短暂的、多变的，随着对职业认识的深入，职业的中心兴趣会逐步形成，进而对从事某项职业十分向往，并希望体验到快乐，这就是比较稳定的职业兴趣。

当然，在现实生活中，由于种种因素的限制，我们所选择的职业未必如自己所愿。遇到这种情况，我们应当积极采取多种途径和方法，发现所选职业的价值，努力培养自己对所选职业的兴趣。

超链接

问：兴趣与职业不相符的时候该怎么办？

答：就人生的不同阶段而言，职业兴趣与职业选择之间的必然联系有着程度上的不同。在初始阶段，我们要解决一些很实际的问题，可能不能过于强调兴趣。如果暂时不能按照自己的兴趣去选择职业，可以平时多积累，更好地充实自己，当机会降临的时候，才不会错过。按兴趣去工作只是让自己更容易成功，生活更快乐。

兴趣的培养有多种方式，对于中职生来说，首先，应该认识到专业、职业的重要性，加强专业知识的学习与专业技能的提高，在就读环节发现并培养兴趣，增强专业学习的自觉性；其次，在实习、实训中加强思考，悟出专业、职业的亮点和奥妙，体验学习的乐趣，在实践环节不断取得新成绩，强化成就感。

- 兴趣可能有多种，有的是业余爱好，有的是职业兴趣，选择职业时要注意将它们区别开来。
- 要考虑外界的客观条件，考察哪种职业兴趣更有机会实现。

做一做

结合自己的专业，参加一次社会公益活动，或者同学们自己组织做一次好事或开展一项有意义的活动，看看自己对什么有兴趣。

知识窗

兴趣以及对应的相关职业

组别	兴趣类型	兴趣特点	相关职业
第一组	喜欢自己动手修理自行车之类的东西 对日常使用的小家电的性能比较了解 喜欢制作工艺品、装饰品	喜欢同事物打交道	工程师、修理工、建筑工等
第二组	热衷于参加集体活动 喜欢接触不同类型的人 喜欢在会议上积极发言	喜欢销售、采访之类的活动	记者、服务员、推销员等

续表

组别	兴趣类型	兴趣特点	相关职业
第三组	喜欢没有干扰地、有规则地从事日常工作 喜欢对任何事情都预先做周密安排 喜欢分类和归档的工作	喜欢常规的、有规则的活动	图书管理员、办公室职员等
第四组	在日常生活中乐于为他人提供帮助 喜欢向别人传授知识和经验	乐于帮助别人，喜欢与人接触	医生、律师、护士等
第五组	喜欢主持集体活动 喜欢接近领导和老师 具有强烈的责任感和工作魄力	喜欢管理类工作，愿意掌管一些事情	辅导员、行政人员、管理人员
第六组	喜欢倾听人们谈论他们的想法 喜欢观察和研究人的心理和行为 喜欢读有关政治家、科学家等名人传记	喜欢谈论涉及人的主题，爱研究人的行为举止和心理状态	心理咨询师、人文科学方面的研究工作者
第七组	喜欢做非常具体的工作 喜欢做那种时间短但能做得很好的工作 喜欢做有形的事情而不喜欢抽象的活动	喜欢制作看得见、摸得着的产品，希望很快看到自己的劳动成果，从中得到自我满足	厨师、园林工人、理发师、美容师等
第八组	喜欢创作 尝试过写小说 很想参加学校艺术团或艺术兴趣小组	喜欢富有想象力和创造力的工作	演员、设计人员、画家等

二、认识你自己——性格分析与调适

性格是一个人对现实的稳定态度和在习惯化的行为方式中所表现出来的个性心理特征。人们常说，“性格决定命运”。但是，我们不能只把性格归因于天性，良好的性格也是可以调适的。

性格与职业

性格是一个人最重要、最显著的个性特征，是个人在长期生活实践和环境因素作用下形成的较为稳定的特征。它不仅表现在人们“做什么”方面，也表现在人们“怎样做”方面。不同的职业，对从业人员的性格有不同的要求。有的职业要求从业人员偏向于内向性格，有的职业要求从业人员偏向于外向性格。因此，在选择职业时，要考虑自身的性格因素。心理学家告诉我们，根据性格选择职业，能使自己的行为方式与职业相吻合，更好地发挥自己的聪明才智，从而得心应手地驾驭本职工作。

超链接

人职匹配

人职匹配是指人的个性特征与职业性质一致，其基本思想是：个体差异是普遍存在的，每一个个体都有自己的个性特征，而每一种职业由于其工作性质、环境、条件、方式的不同，对工作者的能力、知识、技能、性格、气质、心理素质等都有不同的要求。进行职业决策时，要根据一个人的个性特征来选择与之相对应的职业种类，即进行人职匹配。

人职匹配得好，则个人的个性特征与职业环境协调一致，工作效率和职业成功的可能性就会大大提高。反之，工作效率和职业成功的可能性就很低。因此，对于组织和个体来说，进行恰当的人职匹配具有非常重要的意义。进行人职匹配的前提之一是必须对人的个体特性有充分的了解和掌握，而人才测评是了解个体特征最有效的方法，所以人职匹配理论是现代人才测评的理论基础。

想一想

1．你了解自己的性格特点吗？

2．你是一个外向的还是内向的人？

3．你的性格是如何形成的？你对自己的性格满意吗？如果不满意，你认为性格可以改变吗？

职业性格的调适

职业性格是个人在长期的职业活动中形成的，与职业性质相关。职业性格是可以调适的。职业环境、实践活动及职业意识的培养，都会对职业性格的形成产生很大的影响。要做好本职工作，就要尽可能使自己的性格符合职业的要求。因此，我们只有在生活、学习、实践及未来的工作中不断调适和完善自己的性格，才能使自己成为一个合格的职业人。

超链接

调试职业性格的途径

1．严格要求自己，提高修养。性格是比较稳定的心理特征，需要一个较长的培养过程，想一蹴而就改变自己原有的性格是不可能的。以所学专业对应的职业群对从业者的要求为目标，制定措施，严格要求自己，是中职生逐步提高自身素养、调适性格的必经之路。

2．向身边的优秀人物看齐。“榜样的力量是无穷的”，中职生可以从成功的亲朋好友中选出自己的榜样，总结他们成功的经验，重点了解他们调适和完善性格的动力，以及调适的方法和措施，制定措施，逐步改善。

3．主动参加社会实践。党的十九大报告指出：实践是理论之源。良好的职业性格的形成也离不开丰富的社会实践活动。中等职业学校的学生应当利用课内外的一切有利时机接触社会、走近职业，积极参加实践活动，从中了解专业和职业对从业者职业性格的要求，并不断对自身性格加以调适和完善，提高对所学专业的适应能力，为工作后尽快适应职业要求做准备。

三、发现自己的亮点——能力分析与提高

能力是指人们顺利完成某种活动必须具备的个性心理特征，是人的素质的核心内容和综合表现，它直接影响着一个人能否从事某种职业、是否胜任某个岗位工作。人的能力是在学习和实践的基础上逐渐培养和提高的。成功的“职业人”往往有多种能力的组合，包括专业能力、创新能力、实践能力等。提高职业能力，对自己、对社会都有着多方面的作用。

能力与职业

能力受两方面因素的影响：一是先天遗传因素；二是后天的学习和实践因素。能力的内容很广泛，包括智力、规划能力、操作能力、人际关系能力、组织协调能力等。其中有一个重要内容，即职业能力，这是从事某种职业活动所必需的能力，如作家的写作能力、教师的语言表达能力、企业家的管理能力等。社会上任何一种职业对从业者的能力都有一定的要求。

现代社会对人的能力要求越来越高。在知识经济时代，从业者从一次学习向终身学习转变，这就要求从业者不但要具备跨岗位、跨行业的综合职业技能，而且要具备根据市场变化的需求不断开发自身潜能的创新能力。同时，现代社会发展使得职业的演变越来越快，每个人在一生中可能会面临多次转岗和对职业的重新选择，这就要求我们每个从业者具备一定的职业适应能力。

职业能力的提高

职业能力是就业的基本条件，是胜任岗位工作的基本要求，是个人取得社会认可并谋取更大发展的根本所在。因此，在校学习的中职生首先应尽可能地提高自己的职业能力。

职业实践和用心、努力工作，也是提升职业能力的重要条件。

身边的故事

勤奋动脑的志愿者

尤玮是上海市信息管理学校图书情报管理专业的学生。进入中职校的第一个寒假，尤玮去虹口区图书馆找到了一个实习机会。实习工作很简单：将原来手写的目录书卡输入电脑，“做多少”“怎么做”完全靠个人自觉。她早到晚归，总希望多为老师分担一些、多出一点力。寒假结束时，虹口图书馆馆长在实习鉴定上认真地写道：欢迎今后继续来馆参加志愿服务。

一次偶然的机会，她被调到图书馆宣教部，担任双休日志愿讲解员。她白天担

任讲解员，晚上翻阅各种资料，自己写讲解词……渐渐地，尤玮喜欢上了讲解员这一工作，她不断钻研，每次的讲解词都有不同，每讲解一次都会有新的收获。

鲁迅纪念馆需要招聘一位讲解员，应聘者都是一些名牌大学的学生，甚至还有几位研究生来应聘。应聘者需要现场讲解鲁迅纪念馆，并接受面试官的提问。此时，站在一旁做志愿者的尤玮胆怯地问道："可以给我一次面试机会吗？"现场的面试官说："可以啊，你试试吧！"在尤玮做了声情并茂的讲解后，面试官决定：不招聘本科生、研究生，破格录用这位中职生！

知识窗

八项核心能力

《国家技能振兴战略》把职业核心能力分为八项，称为"八项核心能力"，包括与人交流、数字应用、信息处理、与人合作、解决问题、自我学习、创新革新、外语应用等。这就是人们常说的八大能力：（1）交流表达能力；（2）数字运算能力；（3）信息处理能力；（4）与人合作能力；（5）解决问题能力；（6）自我提高能力；（7）革新创新能力；（8）外语应用能力。

四、做人生的掌舵人——职业价值取向分析与调整

一个人要实现自己的职业价值，不仅要具备一定的知识、能力，还应当具备正确的价值取向和良好的心理素质。中职生正处于成长过程中，即使在就业、择业方面存在误区也属正常。因此，进行职业价值取向分析，树立正确的职业意识、合理的就业期望，调整职业价值取向，端正职业选择态度，有着重要的意义。

职业价值取向

作为一种内心尺度，价值取向支配着人的行为、态度、观点、信念等。当这个尺度用来作为职业选择的标准时，职业价值取向便产生了，并影响着人们对就业方向和具体职业岗位的选择。

一个人的职业价值取向包括对专业、职业本质的认识，选择专业、职业的标准，职业理想等内容，它对职业的发展有着重要作用。但需要强调的是，每个人在进行职业选择时，通常会从多个价值角度对职业进行衡量，而不会只是某一种职业价值取向占绝对主导地位。因此，我们要对自己的职业价值取向进行综合分析；在做职业选择时，要着重从自己看重的几种价值观倾向来综合衡量。

身边的故事

小娜的选择：眼前与未来

小娜是一所中职学校设计专业三年级的学生。她学习认真刻苦，还是学生会的宣传部部长。在校三年期间，她多次被评为三好学生、优秀学生干部。毕业前，小娜的父母帮她在朋友的公司找了一个行政方面的工作。她的父母认为，虽然小娜学的是设计专业，但是设计行业竞争很激烈，做行政工作按部就班，没有压力，而且比较稳定，月薪5 000元，对于女孩子来说非常合适。而小娜通过投简历、面试，有一家大型广告公司向她发出了邀请，该公司实力雄厚，而且它的很多客户都是大型公司，但是月薪只有3 800元。对此，小娜不知道该如何选择。

▶ **思考：如果你是小娜，你会怎么选择？为什么？**

职业价值取向分析

中职生要明确自己的职业价值取向，确定自己在职业中最看重的是什么，这样既能减少求职过程中的困扰，提高求职成功率，也有利于为以后的长远发展找准方向。加强职业价值取向分析，有助于进行职业生涯的规划和调整。

第一，进行职业价值取向分析时，应符合社会需求，在了解社会现实情况的基础上调整个人期望值，使其趋于理性。只有符合社会发展方向，充分考虑到国家经济科技发展的方向和社会潮流，把握行业、职业和岗位前景，从行业发展现状、行业的优势与劣势等出发，理性而全面地思考问题，才有长远发展的可能。如果在职业价值取向分析中一味地强调自我，就可能使目标脱离实际。

第二，职业价值取向分析应根据个人的实际情况，考虑自己的兴趣、性格、能力，做到人职匹配。不少中职生由于社会经验不足，择业时容易受他人、社会舆论的支配，缺乏自己独立的见解，不能从自己的实际情况与自身优势出发做出切合实际的选择。急功近利的心态可能会得到一些眼前的利益和满足，但从长远发展来看绝非明智的选择。

第三，我们还应该树立竞争意识，主动参与社会竞争。虽然学校、亲友、社会可以帮助我们，但成功就业终究要靠自己的综合素质和实力。中职生要以主动参与社会竞争为荣，通过多方应聘、试岗，甚至做临时工来施展自己的才华；通过与其他就业群体比敬业、奉献精神，比苦干、实干作风，比专业、技能素质来体现自己的优势，争取理想的工作岗位。

职业价值取向调整

每个中职生都会对职业进行一番判断而形成自己的职业价值取向。选择什么样的职业，是由其职业价值取向所决定的。例如，我们都希望找到收入高的工作，这无可厚非，但在择业时不能只考虑收入高低，还要考虑社会需要和自身的条件，超出客观条件的择业目标是不可能实现的。这时，就需要对职业价值取向进行调整。

超链接

职业价值取向调整的要领

1．应恰当定位，脚踏实地，切忌“这山看着那山高”。对于工作的优劣要辩证地看，今天好的工作并不意味着将来也好，今天看起来不那么吸引人的工作，也不一定永远没有发展机会。

2．应看重发展，切忌急功近利。在求职过程中，往往要面对“鱼”与“熊掌”的选择，对此我们不妨站得高一点、看得远一点，把个人的发展及前途作为关注的重点，而把报酬放在次要地位。

3．应立足自身实际，切忌好高骛远。要实事求是地检测一下自己的学识水平和职业能力，这样才能找到“有用武之地”的合适工作。现代社会的发展使求职竞争日趋激烈，只有提高职业能力，进一步地整合、优化自己的知识结构和专业技能，做到人无我有、人有我优、人优我新，才能使自己在竞争中处于优势地位。

> 古之立大事者，不唯有超世之才，亦必有坚忍不拔之志。
>
> ——苏轼

4．端正职业动机，树立正确的职业价值取向。我们不仅要敢于竞争，还要懂得，要想在竞争中胜出，就必须有过硬的专业技术、高尚的职业道德情操、良好的职业道德修养、热情的服务态度及吃苦耐劳的拼搏精神。

心理素质与压力承受力

同学们在毕业时花费了大量的精力，好不容易找到了工作，可是，很多同学在得到来之不易的工作后，却自己主动辞职。其中有不少同学是由于不能适应新的工作环境、承受压力能力较差而导致的。

身边的故事

李莉身材矮小，与同班一位身材较好的女生到同一单位就业。上班后，她总觉得别人对自己不公平，认为别人总是把累活分给自己，对身材较好的那位女生特别照顾，于是愤而辞职。可是辅导员经过调查了解，单位对这两位女生并没有区别对待，是李莉总是给自己不良的心理暗示，导致就业失败。

张明毕业后被学校推荐到一家五星级酒店工作，工作中他认真负责，得到了同事的肯定。可是在公司部门整合的过程中，张明所在的部门被裁掉了，他因此失业。张明认为是公司领导对自己有意见，故意跟他过不去而采取的这些手段，因而失业回家后闷闷不乐，没有再找新工作，成了一名“啃老族”。

▶ **思考：你觉得他们的问题出在哪儿？假如你是李莉或张明，你会怎么做呢？**

在现代社会，压力是我们必须接受和面对的。适度的压力有利于激发潜能，促使我们集中精力解决问题，提高做事效率；过大的压力会使人体产生不适症状，如失眠、焦虑等，影响正常的学习和工作。职场新人必须学会正确面对工作和人际关系的压力，并学会缓解压力。

五、每天进步一点点——个人学习状况和行为习惯分析与改善

美国未来学家托夫勒有句名言：“未来的文盲不再是不识字的人，而是不会学习的人。”党的十九大报告也指出：“要增强学习本领，在全党营造善于学习、勇于实践的浓厚氛围，建设马克思主义学习型政党，推动建设学习大国。”任何时候，我们都不能满足于现有的知识，而应该把眼光放长远一点，自我鞭策，积极进取，不断学习。同时，要养成良好的行为习惯，它将有助于我们依据职业对从业者素质和能力的要求，制定发展措施，并自觉地落实这些措施，以适应未来职业发展的需要。

学习状况分析

一个人的学习效果如何，受到很多因素的影响，其中最主要的因素是有没有正确的学习动机和学习方法。

学习动机是学习活动的推动力，又称“学习的动力”。学习动力是由各种不同的动力因素组成的，包括学习的需要，对学习必要性的认识及信念，学习兴趣、爱好或行为习惯等。

要改善我们的学习状况，就必须从端正学习动机入手。只有树立自己的职业理想，明确职业生涯的目标，正确地认识我们所学习的专业的重要性，了解我们所要从事的职业的基本要求，才能激发学习的动力，找到学习的方法，进而改善我们的学习状况。

身边的故事

学习铸就辉煌

在某公司的车间里，有一个小伙子在干杂活。这个小伙子平时不爱说话，每天只是埋头干活。

同事们在工作之余常会坐在一起聊天，说些笑话，但这个小伙子却很少在休息时间与同事聊天。他总是站在一些生产设备前看个不停，也问一些生产的问题，有时候还向技术人员讨教一些产品生产中的问题。

他的行为起初让同事们很不屑。两个月后的一天，车间的一台机器出了问题，技术人员忙了半天也没有修好，小伙子过来鼓捣了一会儿，机器居然又正常运转了！这让同事们大吃一惊。原来，小伙子已经在这两个月中学习了产品生产的全过程，并且对机器的原理和操作也非常熟悉。

公司总裁对他的学习精神非常欣赏，很快就把他升为车间的负责人。然而小伙子对此并不满足，依然像原来一样，抓住各种机会学习，不断积累产品生产的其他知识。两年后，这个貌不惊人的小伙子成了公司生产制造部的主管，五年以后又被提升为经理，深得总裁信赖。

▶ **思考：这个小伙子为什么能脱颖而出？**

学习方法是影响学习状况的重要因素。学习方法是指一个人感知信息及获得信息的方式、方法。每个人的大脑都有两种感知能力：具体感知能力与抽象感知能力。尽管每天我们都在运用这两种感知能力，但每个人对它们的使用各有侧重，这种侧重就决定了我们每个人独特的学习方法。

超链接

学习方法十则

1．有切实可行的学习计划。
2．重视预习和复习。
3．听课时注意做好笔记，并常把材料归纳成条文或图表。
4．注意归纳并列出学习中的要点。
5．在阅读时记下不懂之处。
6．经常查阅字典、手册等工具书。
7．认为重要的内容，就格外注意听讲和着重理解。
8．联系其他学科内容进行学习。
9．阅读中认为重要或需要记住的地方就画上线或做上记号。
10．善于借鉴别人好的学习方法。

同学们要从个人实际出发，选择适合自己的学习方法。每个人的智力和非智力因素存在差异，学习习惯、特点有所不同，因此，在选择科学的学习方法时，必须符合个人实际。“学有其法，学无定法。”最好的学习方法应当既是科学的，又是适合自己的。总之，要从实际出发，结合自己的情况，发挥特长，摸索适合自己的有效学习方法。

说一说

美国教育家杜威提出了著名的“从做中学”的教育思想，鼓励学生在实际操作过程中学习新知识，发挥学生的主动性，调动学生的积极性。请结合你的专业学习情况，谈谈对该教育思想的理解。

行为习惯及改善

习惯是长期养成的一种惯性的态度、行为和思维模式。有人说：“习惯是人生的主宰，人们应该努力地追求好习惯。”的确，行为习惯就像我们体内的指南针，指引着我们的行动。纵观历史，大凡获得成功的人，都得益于长期坚持良好的行为并养成习惯。

思维广角

优秀的毕业生

能做好小事的人才能做好大事。一位物业管理专业的中职生毕业后到某物业公司就职，新员工的工作非常琐碎，如打水、接电话、复印资料等，但她总是很勤快地工作。下班的时候，她总是认真关好门窗，把办公室检查一遍再走。三个月过去了，试用期结束，她被任命为总经理助理。一位刚毕业的中职生怎么能担此重任呢？原来，总经理发现她下班后都检查、整理办公室。良好的习惯给了她回报。她在学校时担任班里的生活委员，每天都检查教室的卫生、门窗和电源后才离开。

▶ 思考：是什么促进了这位女生的职业生涯发展？

多一个好习惯，就多一些自信；多一个好习惯，就多一些职业能力；多一个好习惯，就多一些未来的成就。正如叶圣陶先生所说：“心里知道该怎样，未必就能养成好习惯；必须怎样去做，才可以养成好习惯。”好习惯是刻意培养出来的，如果不刻意培养好习惯，就可能在不经意间形成不良习惯。对于我们中职生来说，平常存在的一些不良习惯，会在很大程度上影响我们的职业行为。

播下一种行动，收获一种习惯；
播下一种习惯，收获一种性格；
播下一种性格，收获一种命运。

超链接

如何保持好习惯、摈弃不良习惯？

1. 明确目标。要想改掉不良习惯，首先你要明确什么是好习惯，尤其是明确企业优秀员工应具备的好习惯。这样才能看到差距，找到弥补差距的突破口，对照企业优秀员工的职业习惯和职业道德规范，认识到自身差距，找出自己身上迫切需要改变的不良习惯。

2. 循序渐进。你可能很希望一下子就能改掉好几个不良习惯，但这并不是一个好主意，因为欲速则不达。其实，很多时候只需要改掉一个不良习惯，你的生活便会发生意想不到的变化。我们应从小事做起，严格遵守行为规范，例如佩戴校徽，遵守校纪、班规，保持整洁，做事有条理，严守操作规程，形成良好的时间观念等，在点点滴滴中按照中职学校的各种规范来要求自己，这是养成好习惯的开始。

3. 持之以恒。行为习惯的养成是一个艰辛的过程，其中必有反复，这就决定了这一过程的曲折性与复杂性，对此我们在思想上要高度重视，做到持之以恒。正如思想家卢梭所说，在很大程度上，一个人能否养成好的习惯往往取决于自己，只要你有恒心，能够认认真真地坚持，养成好的行为习惯并不难。

学以致用

[课堂活动]

活动1：自我评价

从兴趣、性格、能力、职业价值取向、学习状况、行为习惯等方面，写出反映个人实际情况的语句。

1. 我是一个________________________________的人。
2. 我是一个________________________________的人。
3. 我是一个________________________________的人。
4. 我是一个________________________________的人。
5. 我是一个________________________________的人。
6. 我是一个________________________________的人。

填写完成上述语句后交给老师，然后打乱顺序再发给各位同学，组织同学互评，将大家对你的评价整理后完成下列问卷。

能力	强	较强	一般	较弱	弱
语言表达能力					

续表

能力	强	较强	一般	较弱	弱
交往与合作能力					
自我控制能力					
适应变化能力					
自省能力					
抗挫折能力					
审美能力					
收集和处理信息能力					
组织和执行任务能力					
创新能力					

活动 2：阅读下列材料并讨论

唤醒沉睡的“巨人”

每个人的心中都有一个“巨人”，这个“巨人”就是人的潜能。有些人心中的“巨人”一直在沉睡，有些人心中的“巨人”已被唤醒。醒着的“巨人”给人以巨大的力量去战胜各种困难，去争取更有意义的人生。

讨论：你心中的“巨人”已经被唤醒了吗？如何唤醒我们心中的“巨人”？

[课外拓展]

请同学们找出自身存在的一些不良习惯，然后制订改进不良习惯的计划，对照该计划，实施一个月的改进行动。最后将一个月前的自己和一个月后的自己对照，看自己是否改正了不良习惯。

[思考职业与人生]

1. 兴趣、性格与能力对职业选择与职业成功有什么作用？
2. 中职生在校学习期间，如何有意识地培养和提高自己多方面的能力？
3. 请说说你的职业价值取向。

第五课 发展要善于把握机遇

机遇作为一种特殊的有利条件，对一个想要实现自己职业理想的青年来说，有帮助、引导、提携的作用。中职生在毕业后会从事各种各样的工作，会有不同的人生发展轨迹，但无论从事哪一种职业，走哪一条职业发展路线，都与机遇密不可分。所以，中职生在努力学习理论知识和苦练技能的同时，也要了解家庭、学校、行业和区域的资源情况，以便在将来可以抓住机遇，发挥潜能，实现自己的职业目标。

案例导入

百度地图让出行更方便

百度地图就是一张活的地图，不但有道路和地点信息，还会有车在跑、人在走、吃喝玩住等本地服务信息。室内定位功能也是百度地图推出的特色功能，通过室内定位引擎、跨楼层商户分布图及特征区域识别，用户可明确自身位置，快速找到目标店铺所在。百度地图已与国内多家商场达成合作，包括万达、凯德等大型全国连锁商场。百度官方透露，百度 LBS 在生活服务平台覆盖近 300 万商户，50 余家数据合作伙伴的生活服务信息，与墨迹天气、陌陌、唱吧、爱奇艺、PPS 等多种应用展开合作，百度地图甚至与宝马、比亚迪等汽车品牌跨界合作。

1. 百度地图为什么受到人们的喜爱？
2. 你认为百度等优秀公司为什么能够发现并抓住大机遇?
3. 你认为百度公司抓住机遇这一点对你有哪些启发?

一、善于挖掘身边的资源——家庭、学校状况分析

一个人职业的发展和事业的成功需要多方面的因素，包括个人的基本素质、从业能力，还有周围的环境条件。其中，家庭状况和学校状况是影响职业生涯发展的重要因素。

家庭状况与职业生涯规划

每个人都生活在由家庭、学校、单位等编织的社会网络中，家庭在个人职业生涯发展的过程中会留下深刻印记。家庭状况同一个人的职业生涯有着紧密的联系，在很大程度上会影响一个人的职业生涯规划和未来职业选择。

身边的故事

“童话大王”的儿子

“童话大王”郑渊洁著有《童话大王》《皮皮鲁和鲁西西》《舒克和贝塔》等一系列儿童文学作品。他的儿子郑亚旗从小在父亲的家庭私塾教育下长大。

2005 年，郑亚旗创办《皮皮鲁》杂志并重新策划“皮皮鲁总动员”系列丛书。

2007 年，郑亚旗开办皮皮鲁讲堂，任校长，与父亲郑渊洁共同担任授课老师。

2010 年，郑亚旗创建北京皮皮鲁总动员文化科技有限公司，任 CEO。

▶ **思考：**

1. **郑亚旗的家庭为他的职业生涯提供了什么帮助？**
2. **你的家庭对你的职业生涯有何影响？**

> 家庭是个人成长的第一所学校，是造就个人素质、影响人生发展的重要因素。

家庭状况主要包括以下方面：一是父母及其他亲人的职业背景。父母的职业及从业经历必然对我们的职业生涯规划产生影响。如果父母是自己创业的，子女在长期的熏陶中也会积累创业的意识和技能。其他亲人的职业也会对孩子的职业选择产生影响。二是家庭的人际关系。人际关系是重要的就业资源，对职业生涯的影响是多方面的，因此也是发现机遇和把握机遇可以考虑的因素。三是家庭经济状况。家庭条件好的学生，应当多学几门技术或继续深造；家庭条件不好的学生，可能会暂时放弃现在的目标，而选择对家庭、对自己都有利的目标。家庭经济状况及其变化不仅影响我们就业和创业的基础，也影响我们对机遇的把握和职业理想的实现。四是家庭成员的健康状况。家庭成员如果出现不健康的情况，孩子就有可能为了减轻家庭压力而调整自己的职业生涯规划。

身边的故事

小李初中时学习成绩非常好，可是在初中三年级时父亲因车祸去世，母亲又患上了心脏病，家中还有一个上小学的弟弟，为了尽早参加工作给家里减轻负担，原本想当一名教师的她选择了中职学校护理专业，希望自己学有所成，将来能照顾生病的妈妈。2016 年，小李通过自己的努力，以优异成绩考入了一所医科大学的中医专业。2020 年，她参加了研究生入学考试并被顺利录取，她希望通过自己的不断努力将来成为一名优秀的医生。

▶ 思考：

1. 小李的家庭状况对她的职业生涯发展产生了哪些影响？

2. 这个故事对你有什么启发？

学校状况与职业生涯规划

刚刚迈入职业学校大门的同学们，你们是否考虑过自己为什么选择这所学校呢？根据自己的实际情况，在下面这个表格中选出你的答案吧。

你为什么选择这所学校	父母做主	
	广告做得好	
	校园环境好	
	有自己喜欢的专业	
	随便选的	
	其他原因	

其实，无论你们当时基于什么原因选择现在所就读的这所学校，入学后你都会发现自己变得越来越关心学校。校园环境、自己的住宿条件、学校的就餐情况、老师的授课水平，以及校园里的一草一木，都会成为你关注的对象。

（1）学校硬件环境对职业生涯规划的影响。

硬件环境是指学校基础设施方面的情况，包括设备、设施、器材、人力等。

硬件环境为我们学好专业技能提供了必要的支持。良好的硬件环境会促使我们更加热爱自己的专业，并通过努力不断提高自己的专业技能，为自己的职业生涯规划打下坚实的基础。

（2）学校软件条件对职业生涯规划的影响。

软件条件是指教师的资质、教学质量、学校的校风校纪等。

虽然软件条件不像硬件环境那样能够被我们时时感知，但是它却在潜移默化地影响着我们的专业学习。优秀的教师资源、高效的教学质量、良好的校风校纪，在培养我们完善的人格方面都发挥着不可替代的作用，并将持久地影响着我们的职业生涯规划。

二、善于把握社会趋势——行业发展动向分析

社会的发展和进步带来职业的迅速变化，除了弃旧更新外，同一种职业的活动内容和方式也发生了变化，所以职业的划分带有明显的时代性。中职生应把握社会发展动态，了解行业，探索职业，从中寻找机遇，为职业生涯规划做好准备。

行业发展动向

随着社会的发展，不同的行业都处于不断的变化发展过程之中。行业发展的新动向表现为职业结构的不断调整。我国近年来行业发展动向的突出表现是：第一产业的从业人数越来越少，第三产业的从业人数越来越多、就业空间越来越大。这在很大程度上与我国的产业政策有关。我国当前的产业政策是：大力提高第一产业水平，调整提高第二产业，积极发展第三产业，推进产业结构优化升级，形成以高新技术产业为先导、以基础产业和制造业为支撑、服务业全面发展的产业格局。

作为第一产业的农业，包括农、林、牧、渔各业。农业是国民经济的基础，是国民经济中最基本的物质生产部门，是人类的衣食之源、生存之本，是其他部门存在与发展的必要条件。当前，我国农业的发展方向是走高产、优质、高效的新型现代农业道路，发展特色农业。

超链接

党的十九大报告指出：农业农村农民问题是关系国计民生的根本性问题，必须始终把解决好“三农”问题作为全党工作的重中之重。要坚持农业农村优先发展，按照产业兴旺、生态宜居、乡风文明、治理有效、生活富裕的总要求，建立健全城乡融合发展体制机制和政策体系，加快推进农业农村现代化。

第二产业为工业，包括采掘、制造、自来水、电力、燃气和建筑各业。工业是国民经济的主导，是国民经济各部门进行技术改造的物质基础。我国坚持信息化与工业化的结合，推动战略性新兴产业和先进制造业的发展，走科技含量高、经济效益好、资源消耗低、环境污染少、人力资源优势得到充分发挥的新型工业化道路。目前，我国正在进行工业结构调整和产业升级，这为中职生提供了新的发展机遇。

超链接

中国汽车工业的发展

我国的汽车工业已经走过了60余年的历程。60余年来，我国汽车工业从无到有，不断发展壮大，已形成工业制造、商贸流通、综合服务相结合的汽车产业。据报道，我国汽车在全球汽车制造业的市场份额已从2000年的3.5%提高到了2020年的33%，成为世界汽车工业的重要组成部分，并从根本上改变了世界汽车产业的格局，为我国成长为世界汽车制造强国奠定了基础。

同时，汽车产业已经成为支撑和拉动我国经济持续快速增长的主导产业之一。从汽车工业链来看，覆盖面广、上下游关联产业众多，涉及诸多行业，带动数十个产业的发展。汽车对上游钢铁、石化、橡胶、玻璃、电子和下游金融、保险、维修、旅游、租赁、旅馆等产业具有巨大的拉动作用。随着汽车工业规模与产品技术的不断发展，汽车工业链条不断完善，汽车工业对上下游关联产业的拉动效应还会不断提升。

《中国制造2025》为汽车业描绘了美好蓝图，完整描述了未来汽车技术四大发展方向，国家对智能汽车、节能与新能源汽车的支持力度在不断加大，汽车行业将迎来新的发展机遇期；“一带一路”助推中国汽车“走出去”，为中国汽车业“走出去”提供了从政策背景、贸易环境到资金、文化等各方面的支持，也给中国汽车产业带来了多重发展机遇；“互联网+”战略催生中国汽车技术升级，中国将成为名副其实的世界汽车制造大国。

第三产业是指除第一产业和第二产业之外，凭借一定的物质技术设备，为社会生产和人民生活提供服务的各种行业的总称。它分流通部门和服务部门两部分。大力发展第三产业，特别是推动现代服务业，是现阶段我国产业结构调整的重要任务之一，这成为我国新增就业的巨大空间。

超链接

国家积极倡导发展旅游业，培育新的经济增长点。旅游业是内涵广泛的综合性产业，它涵盖了旅行社业、交通业、住宿业、餐饮业、娱乐业、土特产品加工制造业等相关产业，也就是我们通常所说的“吃、住、行、游、购、娱”六大要素产业。旅游业的综合性，决定了它具有带动城乡服务业发展的显著特征。据世界旅游组织统计，旅游业直接收入每增加1元，可带动商业、餐饮、交通等相关产业增加4.3元的收入；旅游业直接从业者每增加1人，可带动社会增加5个就业岗位。因此，旅游业的发展，有利于带动商业、餐饮、交通等服务业的发展，从而促进第三产业的发展。我国以多元文化及丰富的自然资源对外国游客产生了巨大的吸引力。

随着经济、社会、文化、科技的发展，我国的产业结构将进一步发生变化。未来社会对人才需求的情况也会发生重大调整。行业的发展趋势将越来越向高科技化、专业化、综合化的方向发展。所以我们要不断地学习，树立终身学习的观念，培养实事求是、吃苦耐劳、精益求精和追求卓越的工匠精神，这样才能适应社会发展和行业发展的需求。

超链接

健康中国——巨大的发展领域

幸福与健康是人类永恒不变的追求。对于每一个个体而言，健康是幸福的前提和基础，无健康也就无幸福可言。确保人民健康、打造健康中国是国富民强的保障。早在2013年8月28日，李克强主持召开国务院常务会议，就提出了发展健康服务业的四大措施。党的十九大报告也顺势而为、站高望远，果断而响亮地提出了“实施健康中国战略”的号召，绘就了健康中国路线图，提出了大健康观。

大健康观是一种全局的理念，是围绕着每一个人的衣食住行和生老病死进行全面呵护的理念，即“为人民群众提供全方位全周期健康服务”。党的十九大报告要求发展健康产业，推动健康中国建设。健康产业是一个具有巨大市场潜力的新兴产业，同时具有“吸纳就业前景广阔，拉动消费需求大，促进公民健康长寿”的特点。

我国的健康服务业刚刚起步，未来市场前景广阔。2016年，我国大健康产业市场规模突破3万亿元，达到全球第一。《2016—2021年中国大健康产业市场运行暨产业发展趋势研究报告》预计，2021年中国健康产业规模将达到12.9万亿元，2017年至2021年年均复合增长率约为27.26%。由此可见，这个新兴的产业不仅有国家政策的保驾护航，更有民生需求的巨大市场，中职生要把握机遇，学好技能，将来在这个行业中有所作为。

说一说

你觉得近几年人们在衣、食、住、行等方面发生了哪些变化？这些变化有没有产生新的机遇？说说你的切身体会。

抓住行业发展的机遇

机遇人人都会碰到，关键在于能否把握。作为社会的一员，我们只有把个人的发展融入经济社会的发展之中，对行业发展的整体动向有所了解，才有可能抓住机遇，取得成功。

现代农业是以科学技术为强大支柱的，科技创新是农业发展的根本动力，也是现代农业发展的强大支柱。我国强调发展有机农业、生产无公害农产品、实现农业现代化和产业化的农业发展新政策，为中职生提供了广阔的就业空间和发展机遇。此外，政府号召建设“新农村”，也为中职生在农村创业提供了诸多发展机遇。

就工业来说，要通过发挥工业对直接提供生产性服务的第三产业的关联带动效应，使之快速扩张。城乡经济的持续发展，给建筑业、制造业提供了新的发展机遇，这都需要大量的技能型人才，从而为中职生提供了大量的就业机会。

超链接

党的十九大报告指出：建设现代化经济体系，必须把发展经济的着力点放在实体经济上，把提高供给体系质量作为主攻方向，显著增强我国经济质量优势。加快建设制造强国，加快发展先进制造业，推动互联网、大数据、人工智能和实体经济深度融合，在中高端消费、创新引领、绿色低碳、共享经济、现代供应链、人力资本服务等领域培育新增长点、形成新动能。支持传统产业优化升级，加快发展现代服务业，瞄准国际标准提高水平。促进我国产业迈向全球价值链中高端，培育若干世界级先进制造业集群。

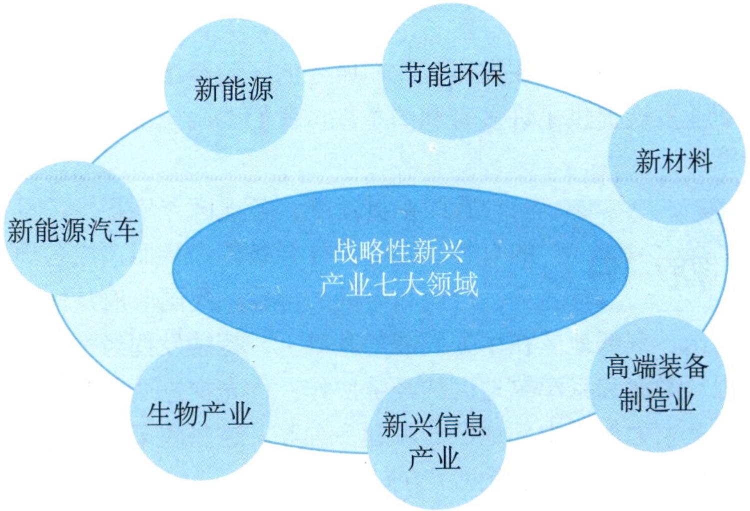

第三产业随着我国经济社会发展和人们生活需求的丰富而得到快速发展，新兴产业不断产生并迅速发展壮大。现代服务业是我国“十四五”规划提出的重点发展方向，其就业岗位将大大增加，这也为中职生的职业生涯规划提供了很大的空间。

看看“十四五”规划

<table>
<tr><th colspan="4">加快发展现代服务业</th></tr>
<tr><td rowspan="3">生产性服务业</td><td>向专业化和价值链高端延伸</td><td rowspan="3">生活性服务业</td><td>向高品质和多样化升级</td></tr>
<tr><td>各类市场主体参与服务供给</td><td>加快发展健康、养老、育幼、文化、旅游、体育、家政、物业等服务业</td></tr>
<tr><td>加快发展研发设计、现代物流、法律服务</td><td>加强公益性、基础性服务业供给</td></tr>
</table>

各行各业的发展为我们提供了大量的就业机会，我们必须善于抓住机遇。每一次机遇的到来，对我们来说都是一次严峻的考验。它不仅需要我们有扎实的专业功底和丰富的知识储备，更需要我们在看到机遇的时候，拿出拼搏精神和应战的勇气。所以说，抓住机遇也是一种能力。同学们，努力吧！机不可失，时不我待！

说一说

你所学的专业对应的是什么行业？近几年该行业的发展趋势如何？这给你的职业生涯发展带来了什么机遇？

三、善于利用本地优势——区域经济发展动向分析

社会是变化的，除了行业在发展，我们所处的区域经济也在不断地发生变化，这些都为我们的职业发展提供了许多有利的条件。我们要善于把握区域经济的特色，找到合适的发展平台。

区域经济发展的动向

我国幅员辽阔，各地区差别很大，且都有自己独特的自然、经济和社会条件，从而造成各地区经济发展水平、结构和布局的特性。我国政府从区域经济发展的整体战略出发，提出：东部地区在率先发展的基础上，持续发挥经济特区、上海浦东新区的作用，加强环渤海和京津冀地区的经济协作；优先推进西部大开发；全面振兴东北的老工业基地；大力促进中部地区的崛起；等等。这些政策在促进地区经济和社会发展的同时，也给中职生的就业指明了方向。

区域经济的发展还表现为形成了一批具有地方特色的主导产业，这种新变化中也蕴藏着中职生就业的大好机会。

说一说

《孙子兵法》中说：“知彼知己者，百战不殆。”请从这个角度谈谈了解区域经济发展动向对我们职业生涯发展的影响。

超链接

党的十九大报告提出：实施区域协调发展战略。加大力度支持革命老区、民族地区、边疆地区、贫困地区加快发展，强化举措推进西部大开发形成新格局，深化改革加快东北等老工业基地振兴，发挥优势推动中部地区崛起，创新引领率先实现东部地区优化发展，建立更加有效的区域协调发展新机制。以城市群为主体构建大中小城市和小城镇协调发展的城镇格局，加快农业转移人口市民化。以疏解北京非首都功能为“牛鼻子”推动京津冀协同发展，高起点规划、高标准建设雄安新区。以共抓大保护、不搞大开发为导向推动长江经济带发展。支持资源型地区经济转型发展。加快边疆发展，确保边疆巩固、边境安全。坚持陆海统筹，加快建设海洋强国。

▶ **思考：上述材料介绍的区域经济发展特点和发展优势，可以为中职生顺利就业和创业提供什么条件？**

抓住区域经济发展的机遇

党的十九大报告指出：中国开放的大门不会关闭，只会越开越大。要以“一带一路”建设为重点，坚持引进来和走出去并重，遵循共商共建共享原则，加强创新能力开放合作，形成陆海内外联动、东西双向互济的开放格局。此时此刻如果我们能够抓住这一大好时机，进行科学的职业生涯规划，势必会对我们的未来产生深远的影响。那么，对于我们最为熟悉的家乡，她有哪些特点和优势，我们也应该进行思考和考察。家乡与个人职业生涯发展也有着密切的关系。我们利用家乡的特色、熟悉的环境、现有的人际关系等优势来发展自己，往往能取得事半功倍的效果。

不同的地区有着不同的发展特色，我们要利用区域经济发展提供的机遇，来规划个人的职业发展道路。如果大家能够充分了解区域经济发展的动向，了解区域经济的特点，充分利用本地优势，掌握本区域重点发展行业所需人才必须掌握的技能，无疑将会获得更好的发展机遇和空间。需要强调的是，这些机遇既来源于区域的自然资源、社会资源，也受到国家政策和发展规划的影响。

关注区域经济的发展，可以捕捉到有利于我们职业生涯发展的机会，也可以验证个人发展目标是否符合经济社会的发展需要。很多职业生涯成功的人都是在关注区域经济发展的过程中产生了灵感，找到了适合自己的发展方向。“熟悉”，也是一种优势。

超链接

海南三亚利用南国风光、椰林美景，成功打造了旅游经济。但是，三亚的外语导游严重缺乏，这日益成为境外游客光顾三亚的一大障碍。随着俄罗斯、韩国客源地的成功开拓，大量俄罗斯、韩国游客进入三亚，从而使这个问题变得更加突出。外国游客到三亚观光度假，常常因语言问题不能尽情享受，这便产生了对外语导游的大量需求。导游专业的中职生如果具备一定的外语能力，就会在这个市场上成为抢手人才。可见，中职生只有关注区域经济发展的新情况和新动向，才有可能发现并抓住新的职业机遇。

思维广角

文化小镇

1. 生物育种小镇

产业特点：运用培育优良生物的生物学技术，如诱变育种、杂交育种、单倍体育种、多倍体育种、细胞工程育种等技术培育优良生物品种，打造集科研、生产、销售、科技交流、成果转化为一体的农业特色小镇。

2. 康养小镇

产业特点：涵盖养老、养生、医疗、物联网、文化、体育、旅游等诸多业态。以康养产业为中心形成的关联城市建设、生态环境、民风民俗、科技信息、文化教育、社会安全等行业的综合产业小镇。

3. 园艺花卉小镇

产业特点：以花卉为核心，融合“生产、生活、生态”三者功能的新型商业社区综合体，是一个具有田园特色，能够为怀有园艺梦想、抱负的创客提供实践地，并引导大众回归农业生产模式的生态小镇，居民在这里享受高品质、现代化、稳定的原乡生活。

4. 数字文化小镇

产业特点：主要以大数据产业、数字产业、数字医疗产业等新兴科技产业为核心的数字科技产业集群，重点吸引大数据、云计算、信息技术、3R 等数字相关产业、企业及创业团队入驻。

5. 文化创意游戏动漫小镇

产业特点：集动漫游戏产业、创业孵化、文化创意等多功能于一体，集商业、办公、产业、居住的产城融合小镇。以游戏、动漫、影视、电竞为代表的泛娱乐产业建设成为国内规模较大的游戏、动漫、影视、电竞等泛娱乐类产业集群。

▶ 思考：

1. **上述几种文化小镇，对当地的行业发展、人民生活会产生哪些影响？**
2. **结合你的家乡的情况，谈谈上述内容对你的职业生涯规划会产生哪些启发。**

无论当地的经济和社会条件如何，只要我们了解当地的区域经济特色，并善于利用这些条件，就一定能为自己找到发展机遇和合适的就业与创业之路。

无论是进行家庭状况分析、行业发展动向分析还是区域经济发展分析，都要具备收集和筛选信息的能力。只有这样，才能做到去粗取精，把有利的信息利用好，促进职业生涯的发展。

学以致用

[课堂活动]

活动 1：阅读材料，回答问题

面对经济社会发展新趋势新机遇和新矛盾新挑战，谋划“十三五”时期经济社会发展，必须确立新的发展理念，用新的发展理念引领发展行动。习近平强调，创新、协调、绿色、开放、共享的发展理念，集中体现了“十三五”乃至更长时期我国的发展思路、发展方向、发展着力点，是管全局、管根本、管长远的导向。要抓住能够带动五大发展理念贯彻落实的重点工作，统筹推动五大发展理念贯彻落实。对每个发展理念，也要抓住重点，以抓重点推动每个理念在实践中取得突破。这就要求我们进行深入的调查研究，既总体分析面上的情况，又深入解剖麻雀，提出可行的政策举措和工作方案。

2017 年 4 月 1 日，中共中央、国务院决定设立国家级新区——雄安。这是以习近平同志为核心的党中央做出的一项重大历史性战略选择，是继深圳经济特区和上海浦东新区之后又一具有全国意义的新区，是千年大计、国家大事。雄安新区对于集中疏解北京非首都功能，探索人口经济密集地区优化开发新模式，调整优化京津冀城市布局和空间结构，培育创新驱动发展新引擎，具有重大现实意义和深远历史意义。雄安新区位于河北省保定市境内，地处北京、天津、保定腹地，区位优势明显，交通便捷通畅，生态环境优良，资源环境承载能力较强，现有开发程度较低，发展空间充裕，具备高起点高标准开发建设的基本条件。雄安新区规划建设以特定区域为起步区先行开发，起步区面积约 100 平方千米，中期发展区面积约 200 平方千米，远期控制区面积约 2 000 平方千米。

讨论：

1. 雄安新区建设从哪些方面体现了 2018 年《宪法修正案》中“贯彻新发展理念”的理论成果？你认为设立雄安新区会给国家和区域发展带来哪些影响？

2. 雄安新区的设立等新的国家战略，会给你的职业生涯带来哪些发展机遇？

活动 2：思维导图

参照下图，试绘制你家乡的思维导图，并介绍你家乡的主要产业及发展趋势。

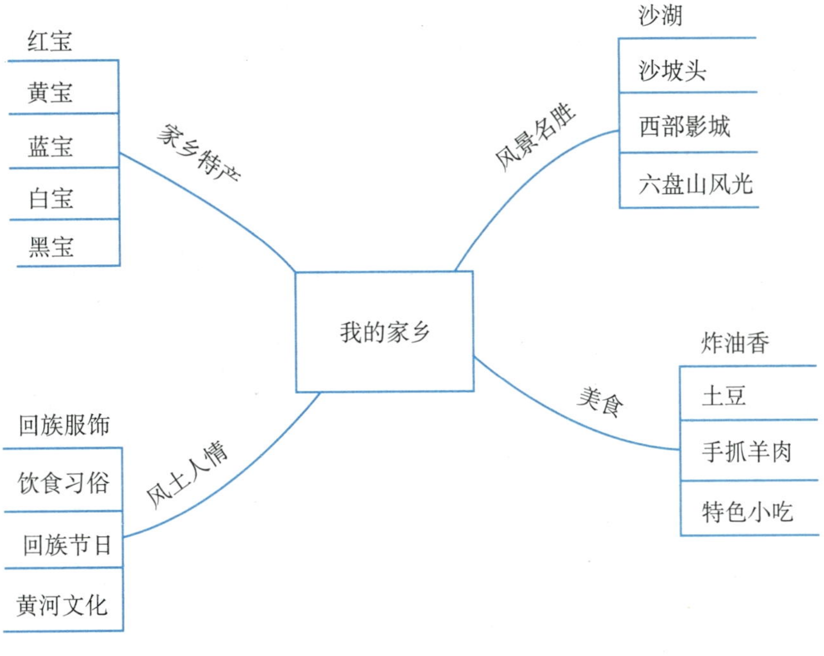

活动 3：环境分析

通过分析自己所处的环境，了解环境对职业生涯规划的影响。

	学校环境	家庭环境	社会环境
环境分析	硬件：	经济状况：	经济环境：
	软件：	主要成员职业：	政治环境：
对职业生涯规划的影响			

[课外拓展]

活动名称：人物访谈

活动要求：结合自己的专业和已经掌握的职业知识，列出未来可能从事的 3 ～ 5 个职业，然后在每个职业领域寻找 1 ～ 3 位精英人士进行访谈。

访谈提纲：

采访者		从事的职业		受访时间	
受访者		目前担任的职务		参加工作时间	
访谈问题	1. 选择这份工作的初衷是什么？ 2. 目前，行业内要求从事这个职业的人应该具有什么样的教育背景？ 3. 您认为做好这份工作应该具备哪些必备的技能？ 4. 据您所知，从事该项工作的人在行业内的发展前景如何？ 5. 您认为中职生可以从事这项工作吗？ 6. 如果中职生想从事这项工作，那我们在校期间应该做哪些准备呢？ 7. 请介绍两三个技能人才成长的实例。				
你的收获					

[思考职业与人生]

1. 把握区域经济发展中的机遇对我们的职业生涯发展有哪些意义？

2. 选定一个行业，上网查查该行业近几年的发展情况，看看对你的职业选择提供了什么机遇。

模块三

职业生涯发展目标与措施

第六课　确定发展目标

第七课　构建发展台阶

第八课　制定发展措施

第六课　确定发展目标

每个人事业的成败，很大程度上取决于其是否有正确且适当的目标，没有目标的人生犹如大海上失去航向的孤舟。在我们的职业生涯中，职业生涯目标是职业生涯规划的核心，是我们职业发展的动力所在。我们一旦确定了自己的职业生涯发展目标，未来的职业生涯之路就非常明确了。通过本课的学习，我们将了解职业生涯发展目标的构成、职业生涯发展目标需符合的条件、职业生涯发展目标的选择等内容。

案例导入

从心仪到行动

小金是一所中等职业学校烹饪专业的学生，很喜欢烹饪，理想是成为一名好厨师。就读烹饪专业以后，他就为自己制订了严格的学习计划：学好烹饪技术，重点是练习刀工；熟练掌握烹饪原材料知识；广泛阅读各种烹饪书籍；积极参加社会实践活动，积累经验，提高实践能力……经过不懈的努力，小金在毕业前夕拿到了校烹饪大奖赛的冠军。小金并没有因此而满足，他继续刻苦学习，不断地提升自己的厨艺，在毕业后的第三年被省级有关单位破格晋升为特三级厨师。毕业后的第四年，他又获得了参加全国烹饪大奖赛的机会。为参加这次大赛，他足足准备了三个月，投入了大量的精力，最终凭借独特的创意和精湛的技艺在大赛中获奖。

此后，小金摘取了一个又一个职业竞赛的桂冠，如今他已成为新一代名厨的代表。在自己热爱的职业上取得如此成就，今天的小金是快乐的。

1．小金为什么能摘取一个又一个职业竞赛的桂冠？

2．你想过自己的职业发展目标吗？你现在是如何计划和安排的？

一、描绘理想的轨迹——职业生涯发展目标的构成

中职生成才并不难。人生有所追求，树立自己的目标，努力付诸实施，就是成功的秘诀。如果你心仪一个职业，你就应当把它作为目标，甚至作为人生的理想，在学习和生活中加以落实。

为了实现自己的职业理想，在进行职业生涯发展规划时，一定要为自己设立各种目标，这些目标有的离我们很远，有的近在眼前。按照由远及近的顺序，可以将职业生涯发展目标分为长远目标、阶段目标和近期目标。

树立奋斗精神

党的十八大以来，习近平总书记阐述了“新时代是奋斗者的时代”“奋斗本身就是一种幸福”等重要观点，强调“幸福都是奋斗出来的”。当前，我们正处于实现中华民族伟大复兴的关

键时期，社会各行各业对技能人才的需求不断增加，职业教育也越来越受到重视，中职生面对这一历史机遇，要树立正确的人生观和价值观，科学规划职业生涯发展目标，做新时代的奋斗者。2013 年 5 月 4 日，习近平在同各界优秀青年代表座谈时指出，青年人正处于学习的黄金时期，应该把学习作为首要任务，作为一种责任、一种精神追求、一种生活方式，树立“梦想从学习开始、事业靠本领成就”的观念，让勤奋学习成为青春远航的动力，让增长本领成为青春搏击的能量。

作为新时代的青年，我们要把“人民对美好生活的向往”作为我们的奋斗目标，发扬积极进取的奋斗精神，树立远大志向，积极投身实现中国梦的伟大实践，勇做奋进在时代前列的开拓者。

职业生涯发展的长远目标

长远目标，就是沿着职业理想指引的方向所确立的最远期的奋斗目标。长远目标不是马上就能实现的，而是通过职业生涯中的一步步努力实现的。长远目标是一个人职业生涯发展的引擎，是决定职业生涯规划成功与否的关键性因素。

长远目标离我们的人生理想最近，从某种意义上说，长远目标体现了我们为人生所做的最高设想，它可以成为我们追求职业成功的原动力。有了对长远目标的追求，我们往往能专注于某个专业的学习，会对某个职业产生认同感、责任感和使命感，甚至还会对某项事业充满自豪感和光荣感，直至献身其中。

对于中职生来说，长远目标既可以是奋斗方向、范围，也可以是具有激励作用的某个职业。但无论是哪种类型，都应该符合社会发展需要和本人的实际。只有经过认真分析而选择的结果，才能激励我们在学习阶段克服困难、创造条件、努力奋斗，也才能让我们避免随波逐流，浪费掉宝贵的青春。

长远目标

- 是认真选择的结果，符合自身和社会发展状况。
- 非常符合自己的价值观，能让人产生职业自豪感。
- 既具有挑战性，又有经过努力而实现的可能性。
- 在设计时以勾画轮廓为主，不具体，能随着外部环境的变化而变化。

演一演

老师扮演记者，同学们扮演砌墙工。记者来访问三个砌墙工。记者先问：“你们在做什么？”一人回答“砌墙”，另一人回答“盖房”，还有一人回答“我们在建造一座雄伟的高楼大厦”。记者进一步与他们三人对话，询问他们对这一工作意义的看法和个人的职业目标。同学回答，老师最后点评。

职业生涯发展的阶段目标

职业生涯的发展是有阶段性的。不同阶段所面临的问题不同，所规划的目标当然也不同。

阶段目标是为实现长远目标而根据个人的具体情况所确定的中期具体目标。阶段目标很重要，它的确立是志向坚定地实现长远目标的重要保障。阶段目标介于近期目标与长远目标之间，起着承上启下的作用。一方面，阶段目标要服从长远目标，也就是要根据达到长远目标所要经历的台阶和所需要的时间，采用倒计时的方式一步步往回倒着设计，将长远目标分解为与之方向相同的一个个阶段目标。另一方面，阶段目标又与近期目标密切相关，近期目标的制定和更替是在为不断实现阶段目标做准备。

打个比方，阶段目标就是引领我们从眼前的近期目标一步步走向未来长远目标的“路线图”和“里程碑”。如果没有这些“路标”的指引，我们很难把眼前的学习、训练和未来十几年甚至是几十年后的职业成功联系起来。因此，有无阶段目标，常常是我们判断职业生涯设计优劣的重要标志。

阶段目标

- 与长远目标保持一致。
- 结合自己的条件和环境要求来制定。
- 有明确的时间进程。
- 有实现的可能性。

阶段目标因为要起到“路线图”的指引作用，所以相对于长远目标要具体一些，要有明确的方向性和顺序性。同时，阶段目标因为还要有“里程碑”的激励作用，所以还应该是近期目标的向前延伸和向上拔高，既让自己“可望”，又要有适当的高度让自己“努力方可即”，也就是必须“跳一跳才够得着”，以激励自己积极向上攀登。

身边的故事

烦恼消除了

小胡从职业学校毕业后，按照自己设想的目标顺利进入了一家公司。在工作的三年里，她因部门的调整不断转换岗位，先后当过前台接待员、仓库管理员、行政主管助理、客户服务主管助理等，但在每个岗位上都没干多长时间，没有积累足够的经验。虽然工资不低，同学们都很羡慕，但小胡却烦恼不已，正如她自己所说的：“我感觉自己就像一块抹布，哪里需要就抹哪里。一旦公司有了适合的人选，我必定得退出，因为他们的确比我专业、能干。”这份工作让她就像患上了职业恐惧症，她害怕上班，躲着领导，以至于到了吃不好、睡不好的程度。

了解了小胡的情况后，职业指导师是这样诊断的：小胡产生职业恐惧感的原因在于三年来她始终没有明确的专攻方向和阶段目标，也没有积累相关的工作经验与专业知识，东一榔头西一棒子，没有打好可持续发展的职业基础。

职业指导师围绕着小胡当前的职业能力、个人兴趣和行业发展潜力、社会需求等多项因素，为她设计了一套职业发展阶段性方案：选择印刷、培训、快递、办公用品等行业，从销售代表或客户服务代表做起，经部门销售主管、区域销售经理等职位，最后到达销售总监的位置。

小胡按职业指导师的指引，进入一家办公用品公司担任中级销售员的职务，在那里她干得既顺手又快乐，很快便升任部门销售主管，并深得这家公司领导的好评。

▶ 思考：小胡的故事对你有什么启示？

职业生涯发展的近期目标

近期目标是同学们当前所面对的第一个目标。再远大的事情也需要从眼前的事情做起，可以说，近期目标是迈向长远目标的第一步。万事开头难，无论做什么事情，第一步都是很重要的。第一步迈错了，虽然还可以从头再来，但是可能会错过很多机会，浪费很多宝贵的时间。

近期目标的最大特点就是只要自己努力就比较容易实现，所以，近期目标一定是切实可行的，不仅看得到，而且摸得着。它常常表现为具体的行动，这里所说的行动包括工作、学习、教育、培训等方面的计划和措施。

近期目标

- ▶ 是阶段目标和长远目标的初始化、具体化。
- ▶ 是最清楚的目标，有明确的过程和结果。
- ▶ 可操作性强。
- ▶ 一般为两年内可实现的目标。

对于中职生而言，职业生涯发展的近期目标就是对自己要学什么专业课程、参加什么技能训练、加入什么社团、阅读什么课外书等做出选择，进而制定好措施，保质保量、持之以恒地完成，使自己尽可能在正式步入某个职业岗位前具有良好的素质，为继续实现阶段目标、长远目标打下坚实的基础。

二、斟酌现实的选择——职业生涯发展目标必须符合发展条件

只有能够实现的目标，才是好的目标，才能够真正起到导向作用。那么，职业生涯发展目标如何设计和确定才是合理的呢？我们在确立目标时，必须要考虑自身条件和现实的社会环境，在充分、客观地认识自身的条件、现实环境及其变化的基础上进行有效规划。

职业生涯发展目标与个人条件

对于一个人来说，“志存高远”是可贵的。但是，如果不能结合自己的条件和特点，就免不了会把理想变为幻想。我们要的是有依据、能实现的职业理想，而职业理想要具体化到职业生涯发展目标上，这种目标的选择是从了解自己开始的。只有对自己的能力、兴趣、个性、价值观等有比较清晰和明确的

职业生涯发展目标应符合个人条件，“适合自己的目标”才是最好的目标！

认识，才能够切实设定自己的职业生涯发展方向和目标；只有了解自己的优势与不足，才能使自己理性地面对纷繁复杂的职场，在规划职业生涯时走出盲目从众、眼高手低、无所适从的误区，真正做到人职匹配。

连连看

什么工作适合他（她)们?

- 细心，动手能力强，情绪稳定，遵守规则，喜欢与汽车等机器打交道
- 不怕麻烦，喜欢和人交往
- 善解人意，体贴他人，责任心强，乐于帮助别人
- 喜欢分析、思考问题，具有强烈的好奇心
- 认真，耐心，和蔼，守口如瓶
- 细心，很少出错，对简单重复的事情不感到枯燥，喜欢独自做一些自己喜欢做的事情
- 善于表达，感情丰富，能歌善舞
- 喜欢美的事物，对色彩、形象等很敏感，喜欢亲近大自然
- 非常喜欢动物
- 非常喜欢小孩

推销员
医护人员
园艺师
操作工
保育员
演员
机械制造师
动物驯养员
秘书
财会人员

注意：前后各项间的连线不止一条。

想一想

结合第四课中对自身条件的分析结果，想想适合自己的专业岗位有哪些。

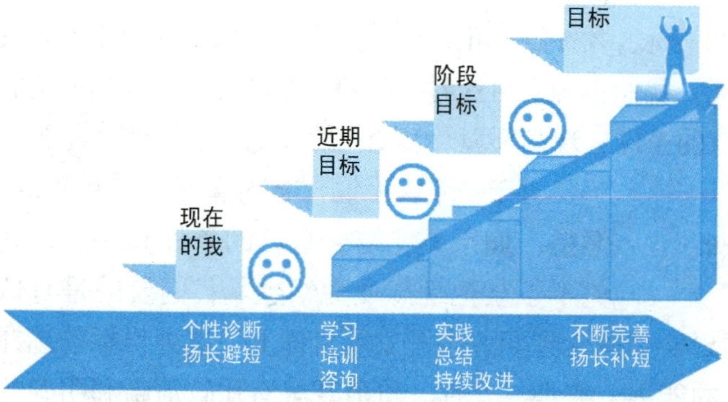

因为每个人的自身条件是不同的，所以为实现职业理想而确定的职业生涯发展目标也是因人而异、多种多样的，正所谓“条条大道通罗马”。

当我们以实事求是的原则选择适合自己的职业生涯发展目标后，该目标一方面会使我

们的长处得到更好的发挥，另一方面还会使我们有意识、有目的地弥补自己的短处，不断改善和提升个人素质，确保长远目标的最终实现。

在目标实现的过程中，我们常常会由最初设定目标时的“扬长避短”逐渐变为实现目标过程中的“扬长补短”。在此过程中，“现在的我”被不断地调适、丰富、改进、修正、提升，逐渐向“明天的我”靠近，随着阶段目标、长远目标的依次实现，一个“全新的我”也就顺理成章地被成功塑造出来了。

职业生涯发展目标与社会条件

每个人都处在一定的社会环境之中，个人的生存、发展就是个人适应社会、融入社会的过程。个人的职业生涯发展规划绝不能闭门造车，必须符合社会条件，而规划的最终实现也要取决于特定的社会因素和社会条件。如果一个社会生产力水平低下，职业种类很少，那么人们选择职业的余地就很小，职业生涯发展目标的空间也相应很小；如果科技在飞速进步，生产力水平日益提高，新的职业不断产生，则人们选择职业的范围和职业发展目标的空间就会变得更加广阔。

职业生涯发展目标要适应社会条件，既包括适应国家经济社会发展的大环境，也包括适应有关行业、地区发展的中环境，还包括适应个人发展的小环境。社会政治和经济形势、文化与习俗等大环境决定了我们可以选择的职业岗位的数量与结构，还决定了我们对职业的认知和职业生涯发展的规划与决策；个人所在的学校、社区、社交圈子等小环境则决定了个人具体的职业活动范围、内容，还决定了个人的职业方向选择和职业生涯规划的起点。

说一说

当今社会有利于你专业发展的大环境、小环境因素有哪些？

理想的种子只有找到合适的土壤，才能长成参天大树。

21 世纪是科技快速进步、经济迅猛发展的时代，因此，个人的职业生涯发展目标不应当一成不变，而是要与时代的前进步伐相结合。只有紧扣时代脉搏，才能保证我们的职业生涯发展目标不落伍、不过时；只有对社会条件的变化有比较充分的了解，才能更有效地利用社会条件和各种新的政策，使自己的职业生涯发展在纷繁复杂的社会环境中趋利避害。

超链接

2018 年修正后的《中华人民共和国宪法》指出：“我国将长期处于社会主义初级

阶段。国家的根本任务是，沿着中国特色社会主义道路，集中力量进行社会主义现代化建设。中国各族人民将继续在中国共产党领导下，在马克思列宁主义、毛泽东思想、邓小平理论、‘三个代表’重要思想、科学发展观、习近平新时代中国特色社会主义思想指引下，坚持人民民主专政，坚持社会主义道路，坚持改革开放，不断完善社会主义的各项制度，发展社会主义市场经济，发展社会主义民主，健全社会主义法治，贯彻新发展理念，自力更生，艰苦奋斗，逐步实现工业、农业、国防和科学技术的现代化，推动物质文明、政治文明、精神文明、社会文明、生态文明协调发展，把我国建设成为富强民主文明和谐美丽的社会主义现代化强国，实现中华民族伟大复兴。”这是我们成长的大背景，制定个人职业生涯发展目标必须以此为基础。我们要深入了解我国的根本政治制度、基本经济制度，增强对社会主义祖国的责任感和使命感，自觉严格地在宪法和法律范围内活动，成为知法、懂法、守法、护法的有为青年。

身边的故事

小江的转型

小江细心、热情，从省商业职业学校毕业后，她应聘到一家保健品公司做电话推销员。当时保健品在社会上的需求量很大，做这一行的收入也还不错，而且做这一行也符合小江的性格、能力，她做起来得心应手。这些年随着网购的逐渐普及，电话销售已明显萎缩。在经过多方面思考和分析后，小江认为，以自己现有的能力还可以做更有挑战性的工作。于是，她在对所了解的几种职业进行判断和选择后，用了两年的业余时间进修多门课程，拿下自考文秘专业的大专文凭和全国计算机等级考试二级证书。当她所在的保健品公司因为业绩大幅下滑而裁员时，小江早有准备，主动离职，并顺利应聘进入一家世界500强企业，开始了自己喜欢且能够胜任的秘书职业生涯。

▶ **思考：小江成功转型的原因是什么？**

三、定位人生的坐标——职业生涯发展目标的选择

职业生涯发展目标的选择，对于尚未就业的年轻人和已经有了一定职业经历的人

来说，都是必然要面对的。尤其是对于尚未就业的中职生来说，如果目标选择得当，就等于找准了人生的坐标，在未来的职业发展道路上就会少走弯路，事半功倍。

不同时期职业生涯发展目标的选择

一般来说，人的职业生涯可分为六个时期，即职业准备期、职业选择期、职业适应期、职业稳定期、职业衰退期和职业结束期。在职业生涯的不同时期，我们应当有不同的职业生涯发展目标。这些职业生涯发展目标不是一成不变的，而是会随着年龄和职业经历的变化而调整。

职业生涯分期	目标选择的侧重点
职业准备期	· 科学地确定职业生涯发展的长远目标 · 积累专业基础知识，掌握专业基本技能 · 初步获得入职资格
职业选择期	· 以长远目标为导向，根据社会需要和自己的素质与愿望，及时做出“人职匹配”的职业选择 · 如果发现初次选择有偏差，及时进行调整或进行再次选择
职业适应期	· 通过“人职权衡”找出差距 · 通过调整、弥补、转换的方式，积极适应职业岗位要求
职业稳定期	· 逐步实现阶段目标，尽力使自己的能力得到提高，使自己的潜力得以挖掘 · 拓展自己对工作和组织的视野 · 争取做职业领域的行家里手、出色人物 · 培养自己“训练和教导他人”的能力
职业衰退期	· 整合个人的经验与智慧，继续提升自己的职业素质 · 力求成为职业、专业方面的杰出人才 · 继续向职业生涯的长远目标迈进
职业结束期	· 将自己的经验提供给别人 · 做好职业角色移交工作

职业生涯发展目标选择的方法

在现实生活中，有的人选择的目标像蓝天上的白云，美丽但飘忽不定；有的人选择的目标像夜空中的明月，明亮却遥不可及；有的人选择的目标像风中的柳絮，只顾着追随社会潮流而忽略了个人的兴趣和潜质；更有甚者，有的人选择目标时，干脆由他人替自己做主。这样选定的目标最终只能是永远也变不成现实的空想。

在进行职业生涯发展目标选择时，不能只"低头拉车"，还应"抬头看路"。

要想正确选择职业生涯发展目标，让自己每个时期的努力都能和自己最终的职业理想实现科学、紧密的连接，让目标发挥指引方向和定位的作用，必须掌握科学的选择方法。

超链接

如何选择职业生涯发展目标?

1．取己所长。通过对自己能力、潜力的认识和测评，真正了解自己；通过自我认识和检验，找到自己的长处，弄清"我能干什么"。

2．为职业机会打分。随时评估环境变化给自己的职业生涯带来的机遇和挑战，弄清了这些，就会明白什么是自己可以做的、什么是自己不能做的。

3．懂得取舍。有时，目标之所以不能实现，是因为太多的目标让人无所适从。所以，在选择职业生涯发展目标时应该明智地做出取舍，懂得什么该保留、什么需要暂时放下、什么该彻底放弃。只有这样，才能做出正确的选择。

4．倾听他人建议。在制定职业生涯规划的过程中，总有一些人的意见和建议是可以借鉴的，这些人可以是上级领导，也可以是父母、亲友，还可以是老师、同学。正所谓旁观者清，这些来自周围不同角色的建议，可以使人在选择职业生涯发展目标时更清醒地认识现实与理想的差距到底有多大，甚至还可以让人在未来的职业生涯发展中少走弯路。

5．合理排序。人的职业生涯是由低到高步步递进的，职业生涯发展目标有高低之分，实现这样的目标也有难易之分。因此，在选择职业生涯发展目标时，应当加以区分，合理排序，从易到难，循序渐进。

学以致用

[课堂活动]

活动1：画一棵职业生涯树

要求：

1. 每个同学将自己的职业生涯发展目标填入树冠中，注意要分为长远目标、阶段目标、近期目标。

2. 为使职业生涯树枝繁叶茂，请补全土壤（自身条件）、阳光和雨露（社会条件），尽量写详细。

3. 结合你所补充的“土壤、阳光、雨露”，看看你所填的职业生涯发展目标是否适合自己。

活动 2：装沙子

请同学们分成几个小组，每组选择不同的填装方法，往相同形状和容积的瓶子里填装石块、小石子和沙子。看看按照哪个方法填装后，瓶子里的石块、小石子、沙子的量最多。为什么？

讨论：如果这个游戏中的瓶子就是我们的职业生涯，石块、小石子、沙子代表不同的目标选择，要想让我们更成功，应如何选择、安排自己的职业生涯发展目标？

[课外拓展]

1. 访一访

与身边的父母、老师、学长等交流，了解他们在职业生涯不同时期的职业目标有何不同，并总结他们是如何选定这些职业目标的。

2. 想一想

为什么同是一个学校的毕业生，几年后有的人拥有了很好的职业发展前景，而有的人却没有什么进步呢？

3. 写一写

确定好职业生涯发展目标，对我们未来的职业发展会有什么帮助？

[思考职业与人生]

1. 职业生涯发展目标中的长远目标、阶段目标与近期目标之间是什么关系？
2. 在选择职业生涯发展目标时，为什么说“适合自己的才是最好的”？
3. 社会条件是如何影响个人确定职业生涯发展目标的？

第七课　构建发展台阶

如果把长远目标看作人生的顶峰，把近期目标看作现在的起步点，那么阶段目标就是通往长远目标的台阶，只要脚踏实地，一步一个台阶，就能达到顶峰。我们该怎样科学合理地制定阶段目标呢？制定近期目标要把握哪些要领？通过本课的学习，我们将了解阶段目标的设计思路，获得近期目标的制定要领，学会合理规划、安排我们的阶段目标。随着阶段目标的依次实现，我们与成功（实现长远目标）的距离就会越来越近。

案例导入

小李的职业发展台阶

从中职学校毕业的小李原是某大型酒店客房部的一名服务员，但她决心要做同事中最优秀的人。在其他同事总是抱怨工作辛苦、薪水低，消极怠工时，小李却善于观察、分析和总结。她发现酒店不缺少干活的服务员，缺少的是既有工作经验，又有专业知识，还懂得酒店管理的人员。于是，她默默地积累工作经验，并且通过培训不断学习酒店管理知识。

第一次升职：客房服务中心主管（到酒店工作半年后）。

小李认为她不仅是在为酒店打工，也不是单纯为了赚钱，而是在为自己的梦想打工，为自己的远大前途打工，她希望在业绩提升的同时也能提升自己。

第二次升职：客房部经理（担任客房服务中心主管一年半后）。

第三次升职：行政总监（担任客房部经理两年后）。

最终，小李成为这家酒店的总经理，并且拥有公司股份，在酒店管理业界创下了非凡的业绩，完成了从一个打工者到管理者的飞跃。

1．小李是如何构建自己的职业发展台阶的？
2．从案例中你受到了哪些启发？
3．请结合自身实际，说说为实现职业目标你将如何安排自己的阶段目标。

一、不谋一时，不成一事——阶段目标的特点和设计思路

任何人都不可能在非常短暂的时间内就迅速实现自己的人生目标，任何一个远大、宏伟的目标都不可能一蹴而就。职业生涯发展的长远目标正是通过若干阶段目标的达成才得以实现的。如果我们能科学设计和把握自己的每个阶段目标，那么，随着阶段目标的依次实现，我们与成功的距离就会越来越近。

通向长远目标的台阶

中职生要想实现职业生涯的长远目标，就必须找到适合自己的职业生涯成长路径。由长远目标一步步倒推出来的阶段目标，就是在实现长远目标的道路上的一个个台阶。这些台阶排列组合在一起，就能构成一条通向长远目标的成功之路。

在这条成功之路上，一旦实现了一个目标，下一个新的、更高的目标又会出现。如果我们能以坚定和努力拼搏的态度面对它，敢于迎接新的挑战，就会上到一个新的平台。只要我们能刻苦努力，坚持不懈地逐级向上，终有一天我们会攀登到阶梯的顶端，实现自己的长远目标。

> 向着某一天终于要达到的那个终极目标迈步还不够，还要把每一步骤看成目标，使它作为步骤而起作用。
>
> ——歌德

思维广角

在解决人民温饱问题、人民生活总体上达到小康水平这两个目标提前实现的基础上，党的十五大报告首次提出“两个一百年”奋斗目标。

党的十八大报告再次重申：在中国共产党成立一百年时全面建成小康社会，在新中国成立一百年时建成富强民主文明和谐的社会主义现代化国家。

党的十九大报告提出：综合分析国际国内形势和我国发展条件，从二〇二〇年到本世纪中叶分两个阶段实现全面建成社会主义现代化强国的战略安排。

第一个阶段，从二〇二〇年到二〇三五年，在全面建成小康社会的基础上，再奋斗十五年，基本实现社会主义现代化。

第二个阶段，从二〇三五年到本世纪中叶，在基本实现现代化的基础上，再奋斗十五年，把我国建成富强民主文明和谐美丽的社会主义现代化强国。

▶ **思考：**

1. **为实现中国梦，我们党构建了怎样的阶段目标？**
2. **长远目标和阶段目标是怎样的关系？**

阶段目标的特点

有无阶段目标是职业生涯设计优劣的重要标志。阶段目标设计得是否合理，是长远目标能否实现的必要前提。阶段目标具有以下特点：

第一，每个阶段目标都十分具体。这不仅包括对某职位或岗位的目标定位，还包括实现目标需要具备的素质要求、弥补差距的措施、明确的时间界定等，能让我们确切地把握实现这一目标需要做出哪些具体的努力。

第二，每个目标都有实现的可能性，让人感觉“够得着”“有希望”。这可以让我们不会因目标遥不可及而丧失信心，也让目标真正成为引路明灯。

第三，目标要有一定高度，有一定的挑战性。阶段目标不是轻而易举就能达到的，而是必须努力拼搏，“跳一跳”才能达到。这样既可以防止在原地踏步，避免出现懈怠，又能让人在目标实现后有成就感，起到激励作用。

第四，各个阶段目标之间具有关联性。一方面，各阶段目标都与长远目标的方向密切关联，保持一致；另一方面，各阶段目标之间也彼此关联，前一个目标是后一个目标的奋斗基础，后一个目标是前一个目标的努力方向。

思维广角

举重运动员的阶梯式训练法

阶梯式训练法是保加利亚著名举重教练员伊万·阿巴杰耶夫创造的。他认为人体有巨大的潜力，对外界环境有很强的适应能力，开始时对新的刺激不适应，经过一段时间的训练就会适应。这时如不进行新的刺激、新的适应，机能就得不到新的发展，训练水平也不可能达到新的高度。

以抓举训练为例，暂定第一阶段抓举重量为100千克，经过若干天的训练，运动员适应这个重量并能成功地连续举起100千克两次，这时就可以增加新的重量，从102.5千克至105千克，开始第二阶梯的适应性训练。这样不断地增加重量，进行新的适应，使训练水平一级一级地提高。

伊万认为，从一个阶梯上升到一个新的阶梯时，对增加的重量要掌握好尺度，要考虑每个运动员适应期的长短。如果在一个新的重量阶梯上运动员不能承受，则应回到原来的阶梯上，巩固两三天后再作调整。

阶梯式训练法被欧洲一些国家所采用，我国也多次派人去学习该训练方法。

▶ **思考：上述资料对你有什么启示？**

阶段目标的设计思路

每个人的阶段目标各有不同，阶段目标的设计也因人而异。根据自己期望达到的标准，既可以按照时间段或自己的年龄段期望达到的标准设计自己的阶段目标，也可以按照知识增长、能力提升来设计自己的阶段目标，还可以按照职业任职资格标准的提高设计自己的阶段目标。

阶段目标的设计方法多种多样，常常采用的是逆向思维，也就是“倒计时”或“往回推”的方式，即根据实现长远目标所需要的台阶、需要的时间、需要的知识等，由长远目标到近期目标，往回倒推着进行设计、规划。

超链接

如何设计阶段目标？

1．结合自身发展条件，对照长远目标的具体要求，理清优势，分析差距。

2．把自己与长远目标之间存在的差距加以分类，按与达到长远目标的关联程度排序。

3．参考差距，以分阶段弥补差距为台阶，选择搭建阶段目标的主线。

4．为各阶段设一个简洁、明确、醒目的标题。

5．列明各阶段目标的内涵以及实现该目标所需的时间、措施等内容。

6．对前后衔接的两个阶段目标的要求进行比较，理顺关系。

不论如何设计阶段目标，其目的都在于分步缩小“现在的我”与“明天的我”之间的差距，分阶段逐步提升自身素质，不断向更高的目标攀升。实现各阶段目标的过程，实际上就是分步缩小自己与长远目标的差距的过程。

二、千里之行，始于足下——近期目标的重要性和制定要领

阶段目标是通往长远目标的台阶，要想最终走向阶梯的顶端，还要从我们脚下的这一级台阶开始迈步。只有从具体的近期目标出发，才能一步一个脚印地前进。

近期目标是阶段目标的启动点

在一系列阶段目标中，离我们最近的就是近期目标。所有的阶段目标都要通过变为近期目标才能得以落实。无论我们怎样划分

阶段目标，近期目标都是最现实的目标。它既是我们为实现职业生涯目标而努力的起点，又是我们每个阶段目标的启动点。

对于中职生来说，为职业生涯发展制定长远目标和科学规划阶段目标是必需的，但还是不够的，因此应拿出更多的精力关注近期目标。古人说“千里之行，始于足下”，我们可以把这句话引申为“职业生涯之起步，瞄准近期目标”。既然是离我们最近的目标，甚至唾手可得，就说明它与我们的差距很小，比较清晰、明确，而我们制定弥补这一差距的措施也比较有把握，所以，我们必须从近期目标开始努力。

只要每个近期目标都能实现，今天的阶段目标就有可能成为明天的近期目标。当一个阶段目标成为新的近期目标时，我们与长远目标的差距就又缩短了一步。当所有的阶段目标都一一变为近期目标而被实现时，曾经遥远的长远目标也就自然而然地来到我们眼前。

思维广角

让目标“看得见”

1952 年 7 月 4 日清晨，加利福尼亚海岸浓雾笼罩。在海岸以西 21 英里的卡塔林纳岛上，一个叫费罗伦丝·查德威克的 34 岁女人涉水下到太平洋中，开始向加利福尼亚州海岸游过去。海水冻得她身体发麻，雾很大，她连护送她的船都几乎看不到。时间一个小时一个小时地过去，她仍然在游。15 个小时后，她又累又冷，感到自己再也坚持不下去了，于是呼唤护送她的人拉她上船。她的母亲和教练都在护送船上，他们告诉她海岸很近了，让她不要放弃。但她朝海岸望去，除了浓雾什么也看不到。她又勉强坚持了几十分钟，还是让人把她拉上了船。事后她发现，她上船的地点离海岸竟只有半英里！查德威克一生多次进行长途游泳，就只有这一次没有坚持到底，是因为疲劳还是寒冷？查德威克的回答让很多人感到意外，她说，仅仅是因为她在浓雾中看不见陆地。

两个月之后，她成功地游过了这个海峡。她不但是第一位游过卡塔林纳海峡的女性，而且比男子的纪录还快了大约两个小时。

▶ **思考：**

1. **查德威克第一次游时没有坚持游到目的地，最主要的原因是什么？**
2. **请结合自身实际体会，说说制定近期目标时应注意哪些问题。**

想一想

除了“千里之行，始于足下”外，你还知道哪些名言是讲这个道理的？

近期目标的制定要领

近期目标就是在短期内能够实现的目标，如接受什么样的学习和培训、学习哪些特定的知识、做出什么成绩、晋升到什么职位等。制定近期目标的要领具体包括：

第一，目标要具体、明确。不仅要表明需完成的任务、所能达到的状态，还要列出措施，并保证措施明确、得当、有可操作性，切忌空洞、不着边际。

第二，目标要可及。就是制定目标不必定得太高，要先从“稍加努力就能达到”的目标开始，使自己在攀登一个个台阶的初始阶段，能比较容易地品尝到胜利的喜悦，体验到成功的快乐，获得继续攀登的信心，增强向长远目标奋斗的决心。

第三，目标要切合实际。近期目标要符合个人的性格、兴趣、特长，并能产生内在的激励作用。

第四，目标要考虑环境的变化。设定的目标要具有一定的弹性并可根据环境的变化进行调整；同时要有应对职业生涯环境、实现近期目标的条件等发生变化的调整方案。

第五，目标要能够评估。要有明确的时间限制及标准，以便进行检查和评估，为修正职业生涯规划提供可靠的依据。

身边的故事

男幼儿园园长不是梦

小李是一个开朗乐观、积极向上的大男孩，是“3+2”制学前教育专业稀有的男生之一。

在老师的帮助下，他对自己的未来发展做了详细的规划。下面是他的职业生涯规划的近期目标部分，也就是在校学习期间的规划：

1．通过职业生涯规划课程的学习，在老师的指导下，明确职业目标，制定职业生涯规划。

2．第一年，培养对专业的感情，认真学好、学扎实各门学科的基础知识和基本技能，提升专业能力，不断锻炼自己，给自己一年的时间爱上学前教育这个专业。

3．第二年，凭着自己的专业水平和文化知识拿下普通话证、英语口语证；积极参加各项活动，从而提高自己的组织能力和语言表达能力。

4．第三年，进一步学习专业知识，熟练掌握专业技能；考取保育员证。

5．考取计算机等级证书。

6．考取奥尔夫音乐教师资格证书。

7．进入某高职学院学前教育专业继续学习，进一步提高自己的专业水平并提升能力。

8．考取教师资格证书、大专证。

9．去幼儿园实习，把专业知识应用于实践，积累经验，提高专业能力。

▶ 思考：请对照前面学习的“近期目标的制定要领”，说说小李制定的近期目标有哪些优点和不足。

三、查漏补缺，止于至善——围绕近期目标补充发展条件

近期目标离我们最近，不仅“看得到”，而且“摸得着”，但它毕竟是目标，与现状大多存在差距，仍然需要我们努力去达到。面对近期目标，我们首先要做的就是找到自身发展条件与近期目标之间的差距，然后为缩短这个差距制订具体、可行的方案。

知人者智，自知者明。胜人者有力，自胜者强。

——《道德经》

寻找发展差距

根据前面所学的知识，在职业生涯发展规划中，我们要做两次发展条件分析，但两次分析的针对性各有侧重，第一次分析侧重于“定目标”，第二次分析则要落实到“找差距”和“定措施”方面。

在确立发展目标、构建发展台阶之后，我们应以自身条件再分析为主，辅之以外部环境分析，在找到与近期目标的距离的前提下，将自身条件与近期目标的要求进行对比分析，把对比得出的差距详细列出，作为制订改进方案的依据。

如果说为确立发展目标而做的第一次分析的思考点是“扬长避短”，多用自己的优势去估算与长远目标的距离，那么，在针对近期目标做第二次分析时，则要更多地考虑“查漏补缺”，多用自己的劣势去估算与近期目标的差距。重点分析近期目标对职业能力、思想品质、日常行为习惯等

方面有什么要求，分析自身兴趣、性格、能力等个性特点与近期目标要求的匹配程度，从中找出差距，归纳出自己在知识、技能、思想品质、行为习惯等方面存在的“短板”。接下来，尽可能地把每一方面的差距都加以量化，尤其了解差距最大的是哪个方面，再对这些差距进行深入、细致的分析，找到造成差距的原因，为制订改进方案做准备。

人要自知，才能进步。

通过以上补充分析，我们不仅能找到自己的差距所在，也能明确产生差距的原因，这有助于进一步修订近期目标，使随后制订的改进方案更有针对性。

思维广角

木桶原理

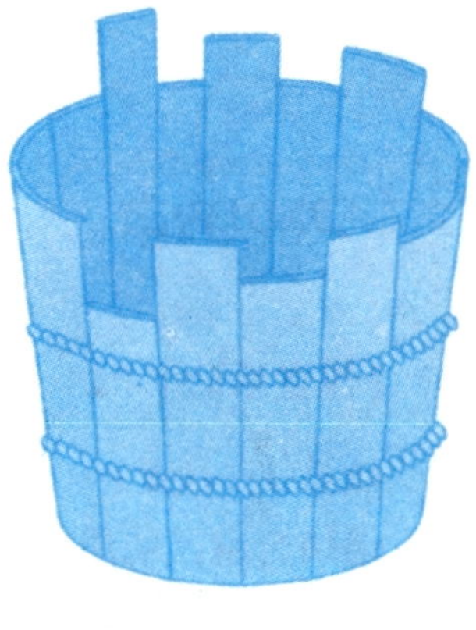

木桶原理也称短板理论。木桶是由许多块木板箍成的，木桶盛水的多少，并不取决于桶壁上最高的那块木板，而是取决于桶壁上最短的那块木板。若其中一块木板很短，则此木桶的盛水量就被短板限制在较低水平。这块短板就成了这个木桶盛水量的限制因素。若要使此木桶的盛水量增加，只有换掉这块短板或将这块短板加长。根据这一分析，木桶原理还有两个推论：第一，只有桶壁上的所有木板都足够高，木桶才能盛满水。第二，只要这个桶壁上有一块高度不够的木板，木桶里的水就不可能是满的。

▶ 思考：木桶原理对于我们实现近期目标有何启示？你的“短板”在哪里？如何加长“短板”？

制订改进方案

我们通过分析清楚地看到自己的差距后，接下来要做的就是找到适合自己的缩小差距的方法，列出弥补弱点和不足的行动计划，制订出一个详细的改进方案。

在改进方案中，你可能需要掌握某些新的技能，需要提高某些已有的技能，需要学习补充新的知识；你可能需要养成某些必需的职业行为习惯，需要调整与职业相关的个性特点，需要培养适应职业需要的心理素质；你可能还需要积累某些职业经验，需要有意识地开发自己的职业潜能；等等。这一方案要清晰、具体，具有可行性。

超链接

制订改进方案的原则

为了让制订的改进方案更有指导性与可行性，我们需要把握如下原则：

1．改进方案要有针对性。既要全面，又要有重点；既要全面提升自己，又要分清轻重缓急，对于职业生涯发展的短板或缺口要必须补、抓紧补、及时补、重点补，注意排出顺序，分步解决。

2．改进方案要合理可行。对于自己的差距，要积极改进，不能急于求成；要难易适度，不能不切实际；要量体裁衣，不能好高骛远。

3．改进方案要具体、明确。因为是要马上落实、立即执行的方案，所以应该是可操作的、有指标的、易量化的具体方案。

4．改进方案要有一定的弹性或缓冲性。在制订改进方案时，要考虑到环境和自身条件。同时，可为自己制订备选方案，使实施过程能应对自身和环境的变化，及时做出灵活调整。

学以致用

[课堂活动]

活动1：找差距

请结合自己的现状，分析自己的发展条件和外部环境条件，找出自己的差距。

我的近期目标是（要求切实可行，与专业紧密结合）

<table>
<tr><td rowspan="2">自身条件评价</td><td>我的长处</td><td>我的“短板”</td><td>我的主要差距</td></tr>
<tr><td>1.
2.
3.</td><td>1.
2.
3.</td><td rowspan="3">1.
2.
3.
4.
5.
……</td></tr>
<tr><td rowspan="2">社会环境评价</td><td>我的机会</td><td>我的挑战</td></tr>
<tr><td>1.
2.
3.</td><td>1.
2.
3.</td></tr>
</table>

活动 2：设计我的职业生涯发展台阶

请同学们结合自身条件，找出自己目前与长远目标的差距，设计自己的职业生涯发展台阶，可以用简明的图表示。

要求：

1. 每个同学可在课前或课后完成个人的图示。
2. 以小组为单位，在小组内进行自评和互评。
3. 每个小组内可以自由辩论，可以对本小组任一成员的图示提出建议。
4. 每个小组选出一名代表向全班同学陈述自己目前与长远目标存在的差距，请同学们和老师帮助提出改进的措施。

[课外拓展]

党的十九大报告指出："人才是实现民族振兴、赢得国际竞争主动的战略资源。要坚持党管人才原则，聚天下英才而用之，加快建设人才强国。"设计你的成才之路与阶段目标箴言。

要求：目标明确，符合实际，对自己有促进作用。

[思考职业与人生]

1. 阶段目标应该按照什么思路设计？
2. 不同年级的中职生在近期目标设计上有什么区别？
3. 针对近期目标，怎样才能制订合理、可行的改进方案？
4. 你对中期目标、长期目标有哪些考虑？

第八课 制定发展措施

职业生涯目标确定后，按规划采取行动措施就是最重要的工作了。如果没有实现目标的行动，所制定的目标就难以实现。实现职业生涯规划目标的行动计划必须是具体的，且具有较强的可行性。通过本课的学习，我们将了解到制定发展措施的重要性、措施制定的三要素、实现近期目标的具体计划等内容。

案例导入

追逐梦想须拼搏

小胡初中毕业后，出于兴趣选择了就读深圳市某职业高中的金融财会专业，他的目标是成为金融机构优秀的高级管理人员。

在学校就读期间，他为自己制定了一系列发展措施：课前预习，课堂上认真思考，当天作业当天一定要完成；苦练技能，坚持参加学校的电脑兴趣小组，每天中午练习点钞半小时，晚上练习打算盘一小时、练习计算器复核报表半小时；一年级竞选班长，二年级竞选校学生会副主席；每天提前一小时到校参与广播站的管理，积累管理经验；每周打篮球三次、每次一小时，风雨无阻地天天在操场跑五圈……

工作后，小胡积极参加行业技能培训和比赛，以此激励自己更加努力地学习专业知识与技能；按照自己设定的目标报考电视大学财会专业大专班，参加成人高考专升本考试；每天早晚各抽出半小时阅读经济管理方面的报刊与名著，并结合工作情况每周写一篇 2 000 字左右的读书心得，提高管理素养。

由于目标明确，措施得力，小胡成长得很快。在接下来的职业生涯发展中，他取得了一系列成绩：拿下了本科文凭，考取了注册会计师资格，做了五年蓝天银行营业部副经理、积累了丰富的工作经验，最后当上了某著名上市公司的财务总监。

1. 小胡为他的职场成功制定了怎样的发展措施？
2. 你为自己的职业发展目标制定了怎样的措施和步骤？是否从现在就已开始实施了？

一、好的开始是成功的一半——制定发展措施的重要性

“好的开始是成功的一半。”这句格言告诉我们一个道理：要正确落实人生的第一步。也就是说，实现自己的职业生涯发展目标要落实到行动。当你的职业生涯发展目标确定后，尽快制定发展措施就成了最关键的环节。没有行之有效的措施，任何正确的

绝知此事要躬行。

目标、远大的理想都是难以实现的。落实目标的措施，主要包括知识的学习、技能的培养、健康体魄的打造、潜能的开发等方面。这些措施应该是科学的、严谨的、明确的，更应该是具体的，以便定期检查。

制定措施是职业生涯发展的第一步

俗话说：“万事开头难。”制定发展措施是职业生涯设计中最困难的工作，也是职业生涯发展的第一步。改革开放四十多年来，我国社会经济发展取得了巨大成就，一栋栋高楼拔地而起，“四纵四横”的高速铁路网贯通祖国东西南北后，“八纵八横”也正在建设中。大家想一想，建高楼、修铁路，第一步工作不都是制定具体的措施吗？不都是需要反复勘测甚至多年的论证，制订周密的建筑设计方案和详细的施工计划后，才能动工吗？第一步工作需要付出多少人的心血和汗水啊！职业生涯发展目标关系到自己一生的顺利与幸福，所以需要早做准备，好好筹划，认真对待。

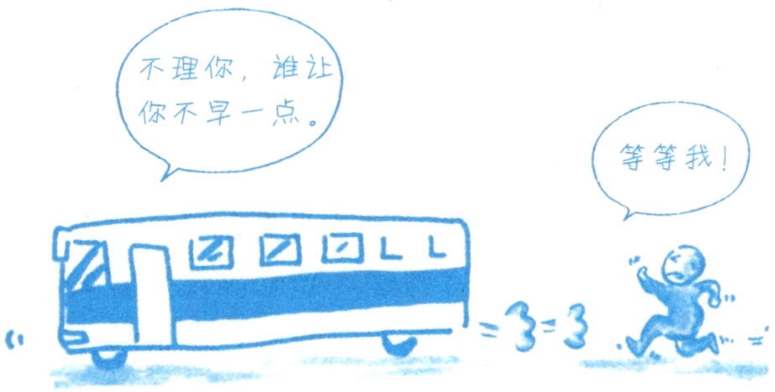

职业生涯发展，从制定措施开始。“一步赶不上，步步赶不上”，为了早日实现你的远大发展目标，赶快制定措施，开个好头吧！

身边的故事

茫然的小张

小张是家里的独生子，家庭条件比较优越，但他的性格有点内向。他从某职业学校酒店管理专业毕业后，希望自己十年后能够成为五星级酒店的一名部门经理，但是他一直没有制订工作与学习计划。他曾在某饭店做过调酒师、在某五星级酒店做过服务员，但是都干不长，都以“累得半死，才挣那么一点钱”为由辞职了。后来，父母帮助他找过三份比较轻松的工作，但他不是觉得薪酬低，就是觉得工作太枯燥、没意思，最后都没干下去，不知不觉成了“啃老族”。

小张曾想过自己创业，但对于具体怎么创业他又很茫然。思前想后，他索性跟父母要了些钱尝试炒股票。两年下来，小张觉得还不错，炒股有了些收益，他准备“再多学点炒股技术，成为炒股高手”。后来，由于出现股灾，他股票账户上的资金亏得所剩无几。

小张终于意识到找份“适合自己的工作”重要又迫切！他到人才市场上跑了两个月，工作仍然没有着落，他十分迷茫。这天，小张去参加了一个大型招聘会，看到不少大酒店仍然在招聘服务人员和中层管理人员，他该怎么办？

▶ **思考：小张的问题出在哪里？应当怎样解决？**

想一想

你有什么样的职场目标？你有为此目标而制定的措施吗？

制定措施是实现目标的保证

有人说：“有目标是百米赛跑，无目标是饭后散步。”这说明了目标的重要性。只有制定了具体的、可行性较强的措施，才意味着你真正找到了正确的前进方向，也意味着目标不再是梦想，而是可以实现的愿景。每天早上，天安门广场上的五星红旗都是在日出时刻，随着霞光冉冉升起。如果仪仗队官兵们没有经过扎扎实实、非常刻苦与严谨的长期训练，能够达到这一精准的目标吗？对中职生来说，职业生涯发展的近期目标可不是一项内容，而是涵盖多方面的要求，而我们每天都有很多事情要做。所以，必须要制定措施，合理计划各个方面，合理用好每一天。有了措施，就意味着有了好的开始，成功了一半。要使自己的发展愿景落实到发展措施和行动上！

仅有知识是不够的，我们必须应用；仅有愿望也是不够的，我们必须行动。

二、细节决定成败——措施制定三要素

在现实生活中，有的中职生虽然明白制定措施的重要性，也为自己的发展目标制定了措施，但是效果还是不明显。这样的例子可真不少。究其原因，不是人懒，也不是人笨，而是因为措施制定得不正确或太粗糙，对细节关注不够。

“细节决定成败”，这句话讲得非常有道理。职业生涯发展的措施必须具备任务、标准和时间三个要素，能够清楚地回答“任务是什么”“做到什么程度”“什么时候做”这三个基本问题，让措施执行者能够准时、按标准、以经济和高效的方法完成既定的任务。

身边的故事

拿下副高职称的19岁技校生

2017年10月，江苏省常州技师学院的学生宋彪参加世界技能大赛获得工业机械装调项目金牌，获得了大赛最高奖——阿尔伯特·维达尔奖！这是我国选手首次获得该项大奖。此后，宋彪又获得了“江苏大工匠”称号，同时被认定副高级专业技术职称。了不得！

在许多人看来，读技校的学生是没有多大前途的。可事实上，仅仅19岁的技校生宋彪已经拥有了这么高的荣誉，这是绝大部分“985”“211”院校的大学生都无法比拟的。技校生拥有副高职称的示范意义是极强的。

当然，究其原因，既有国家大力促进职业教育的发展，也有技校生的学业非常符合社会需要、贴近经济需求，还有常州技师学院的教学质量高，但是，鲜花和掌声能够落在宋彪身上，肯定与他平时极其刻苦的努力以及他把成才的大目标落在踏踏实实的措施上是分不开的。一个技校生能够达到国际顶尖水准，其间的艰辛是可想而知的。据了解，为了准备比赛，宋彪两个暑假都没有回家，一有空就待在学校车间练习，对比赛涉及的每一个项目都反复琢磨。一分耕耘，一分收获，他终于获得了成功，不仅为国争了光，而且还为自己赢得了诸多的荣誉。

每一个人都有自己的职业理想，理想能不能实现，梦想能不能成真，关键在于自己的努力，在于自己的奋斗。19岁技校生拿下副高职称的事例告诉我们每一位中职生：你的未来不是梦，你的成功不是梦，你的人生不是梦。树立你的目标，落实你的措施，脚踏实地，刻苦学习，你也会创造辉煌。

▶ 思考：上述故事对你有什么启示？

确定阶段性任务

“确定阶段性任务”就是要弄清楚我们在实现职业生涯各阶段目标时，要做的各项工作“是什么”的问题。比如，某职校文秘专业的小叶同学为丰富自己的人文知识、加深对传统文化的了解，决定“今年暑假诵读《唐诗三百首》，并练习写五言绝句和七言绝句各十首”，这就是一项任务。

在确定了职业生涯目标后，要具体化为总体任务和阶段性任务，并采取有效的措施加以落实。要充分考虑学历、专业特长、兴趣爱好、性格、能力、身体素质等影响职业生涯发展的因素，挖掘潜能，正视不足，并据此制定措施，确定任务。每一项任务都是一次成长的机遇。

确定阶段性的任务时，一要注意任务与短期目标以及中期目标有明显的关系，也就是说，任务是目标的具体体现；二要注意“努力”与“可行”兼顾，也就是说，此任务除了必须要“跳起来去够”，还要确实“够得着”。

在职业生涯发展的道路上没有空白点，每一种环境、每一项工作、每一项任务都是一种锻炼。

明确任务标准

“明确任务标准”强调的是“某项任务应当做成什么样”，也就是要明确为实现职业生涯发展目标而要完成的每一项任务的内容具体有哪些和要做到什么程度。比如，前面提到小叶同学读《唐诗三百首》，就涉及具体要“读什么”和“怎么读”的问题：要掌握哪些知识？要“倒背如流”其中的哪些诗？要掌握哪些韵律知识？要记住哪些诗人的生平？等等。这些方面都应当有具体的、明确的要求。

标准是为实现目标服务的，明确任务标准是保证现在的学习效果和未来的工作质量的一个重要环节。在现实生活中，不少同学没有意识到标准的积极意义，对自己读书学习的标准吃不透、摸不准，往往是“跟着感觉走”，这样肯定是无法走向成功的。这里谈及标准，是要在明确目标的基础上吃透任务，在任务落实的细节上讲求规范，在工作推进的成效上做到严格。对待每一项工作、每一项任务，都要认真、规范地达到设定的标准，只有这样，才能有效地实现“一步一个台阶”。

做好时间安排

“做好时间安排”就是要解决“什么时候做”的问题，这有两方面的含义：一是任务完成的时间段，也就是哪一段时间为达到目标而采取各项具体措施；二是目标实现的期限，也就是要在哪个时间点达到这个目标。

有的中职生对时间不够珍惜，存在浪费时间的问题，主要表现为：经常上网玩游戏、连续看小说、长时间用微信聊天、经常逛街、不考虑事情的轻重缓急、办事无计划，等等。这必然会大大影响职业生涯发展措施的落实。要实现职业生涯发展目标，必须树立和培养时间管理意识，减少和排除不利于目标实现的活动。

对目标的处理方法是：选择、明确、分解、组合，加上时间坐标。

超链接

培养时间管理意识的途径

1．用清单的形式将工作排序，实行计划管理。

2．记录时间，以分析时间耗用在什么地方，从而减少浪费。

3．采取 ABC 分类法，将工作按轻重缓急分为 A（紧急且重要）、B（次要）、C（一般）三类，安排各项学习和工作的优先顺序，以提高时间使用效率。

4．考虑不确定性，为意外事件的处理留出时间。

三、明天就要出发——实现近期目标的具体计划

职业生涯发展措施中最重要的就是针对近期目标制订具体计划，采取有效行动确保一个个近期目标的达成，最终实现长远目标。古人云："千里之行，始于足下；九层之台，起于垒土""不积跬步，无以至千里；不积小流，无以成江海"。

近期目标要落实到计划

在校学习阶段是我们为未来职业发展做准备的黄金时期，我们要做好学习规划，为即将开始的职业生涯做好准备。一年级时要努力学好各项基础课程，尽量寻找机会多和已毕业的学长们交流，了解现在用人单位对员工的要求；多参加学校组织的集体活动，增强交流技巧；熟悉学校的相关规章制度。到了二年级，要在学好专业技能的同时参加学生会或社团等组织，锻炼自己的各种能力；可以尝试兼职、参加社会实践活动，提高自己的责任感和抗挫折能力；考取英语和计算机相关证书；选修自己感兴趣的课程，多阅读课外书籍，充实自己。三年级则是职业定向和择业的关键期，参加高职升学考试的同学要积极复习相关科目，查漏补缺；决定就业的同学要积极参加相关专业实习、实训，加强技能训练，强化求职技巧，收集用人单位信息，积极参加招聘活动。

身边的故事

物流专业学生小李制定的二年级近期目标、具体任务和计划与措施如下表所示。

近期目标	知识方面	能力方面
	掌握基础文化知识及专业知识	提高综合能力
具体任务	1. 保证文化基础课每门成绩达到80分以上，专业课成绩达到90分以上。 2. 考取全国英语等级考试一级证书。 3. 考取全国计算机等级考试一级证书。 4. 准备参加全国助理物流师资格考试。 5. 参加全国中等职业学校"职业生涯规划"竞赛，争取获奖。	1. 提高领导和组织能力。 2. 掌握一门运动项目。 3. 进一步锻炼自己的写作和口头表达能力，增强自信心。 4. 积极参加班级及学校组织的集体活动，与同学多交流，并形成良好的交际圈。 5. 多从事社会实践，多接触社会，增加经验。
计划与措施	1. 每天早上7点前到校读英语，背单词（早上和中午各半小时），晚上练听力半小时。 2. 休息日到市图书馆英语角与外教交流。 3. 课前预习，课堂上认真听讲，当天完成作业，周末阅读相关书籍（每科2～3本）。 4. 多去图书馆，广泛阅读书籍、报纸，拓宽知识领域，弥补人文素质的不足。 5. 参加学校电脑兴趣小组，强化实际操作能力。 6. 报名参加周日开设的助理物流师考前培训班。 7. 熟悉"职业生涯规划"竞赛规则，在5月底前提交"文明风采"竞赛作品1件。	1. 参与竞选班干部、校学生会宣传部部长。 2. 课堂上发言积极，勇于发表意见，主动与老师沟通。 3. 自我推荐，完整地策划一次班级大型活动。 4. 主动与同学们交谈、交流思想。 5. 在义工服务站工作，并把经历记录下来，为以后写调研报告做准备。 6. 每周放学后打球两次，锻炼身体。 7. 积极参加学校举办的有关比赛。 8. 做推销员、物流公司实习生等社会兼职。

▶ 思考：你认为小李的近期目标、具体任务和计划与措施有什么优缺点？

实现近期目标的要点

第一，瞄准目标，有效行动。所谓有效行动，即行动要始终围绕目标进行，就像射箭比赛一样，无论从哪个方向射、怎么射，都要对准靶心，一旦发觉箭头偏离靶心，就要及时调整，纠正姿势，使自己的行动成为有效的行动。要做到这一点，就要制定强有力的措施对自己的行动加以强化和约束，集中时间和精力朝着目标前进。

第二，脚踏实地，坚持努力。对我们来说，“滴水石穿”“铁杵磨成针”都是耳熟能详的故事。可是在现实生活中，总有不少人有一种浮躁的心态，调整这种不良心态的最好办法就是修炼自己的“恒心”与“决心”，学会做任何事情都脚踏实地、循序渐进。特别是当别人都已停止前进时，你仍然要坚持；当别人都已失望放弃时，你仍然要有信心。只有具备这种忍耐与坚持的能力，才能实现近期目标，把梦想变为现实。

人生就像一场马拉松比赛，开始跑在最前面的人未必能一直领先，原来落在后头的人并非永远落后。胜利与失败，关键在于能否坚持到终点。

习主席的教诲

青年有着大好机遇，关键是要迈稳步子、夯实根基、久久为功。心浮气躁，朝三暮四，学一门丢一门，干一行弃一行，无论为学还是创业，都是最忌讳的。

超链接

坚持到底，直至成功

有一项调查研究指出，不能坚持到底是导致销售失败的主要原因。请看以下统计数字：

有 48% 的推销员找过一个客户之后就不干了。

有 25% 的推销员找过两个客户之后就不干了。

有 15% 的推销员找过三个客户之后就不干了。

只有 12% 的推销员找过三个客户之后，继续干下去，而 80% 的生意恰恰就是这些推销员做成的。

坚持不懈地付出努力，是一名优秀推销员取得成功的唯一途径。

第三，灵活机动，迂回前进。职业生涯发展目标的实现，一方面要靠苦干、实干，另一方面也需要灵活机动。特别是当今时代，诸多因素都处在变化中，变化是永恒的主题，灵活机动更加重要。因此，职业生涯规划必须紧跟变化着的世界，与时俱进，根据内外环境状况及时进行修改、调整。当环境和条件变化巨大时，或者发现原来的规划存在较大问题时，有的目标就需要调整，甚至不得不放弃。之所以应放弃，是因为我们还有别的选择机会。选择和放弃是一堂人生的必修课，是我们在社会生活中应该掌握的生存艺术。人生中的选择和放弃往往是相辅相成的。放弃不等于失败，放弃了不合理的东西，就增大了正确选择、顺利发展的可能性。只有积极、主动地顺时应变，才能立于不败之地。

在该放弃时放弃是一种智慧，在最合适的机会放弃是一种睿智，而能够果断放弃则是一种魅力。

第四，管理时间，有效利用。这里强调的是要学会有效地运用时间资源，这对于我们有效地达成个人目标极其有益。时间是需要管理的，而且时间管理得好坏是学业、事业成功与否的关键。合理地利用时间，才能使它发挥最大的效力。有效地管理时间，不仅可以节省时间，而且能够认识到时间的重要性，从而充分利用时间。时间管理的本质是自我管理，即事前要有计划或长期的规划，改变个人习惯，以使自己的学习或工作更有效率。培养时间管理意识，就是要排除无益于目标实现的活动，做好以结果为导向的目标管理。

时间管理的主要原则

- 保持重点。一次只做一件事情，一个时期只有一个重点。我们要学会抓重点，远离琐碎的杂事。
- “80/20”法则。把精力用在最见成效的地方，用80%的时间来做20%最重要的事情。
- 马上行动。状态是干出来的，而不是等出来的。最佳时机是需要把握的，不能等待。
- 学会说“不”。不要被无聊的人和无关紧要的事缠住，也不要在不必要的地方逗留太久。一个人只有学会说“不”，才能获得真正的自由。
- 集腋成裘。把生活中零散的时间充分利用起来做一些事情，从而大大提高学习或工作的效率。
- 暂时搁置。不要长时间纠结于解决不了的问题，可以把问题先记下来，待时机成熟后再去解决它。

第五，干中盘点，及时纠偏。管理学专家告诉我们：干一件事情，不仅要有目标、有计划，要落实到行动上，而且要注意在行动中和对行动结果进行检查，以便发现错

误，从而能够采取应对之策，及时予以纠偏。这是保证一件事情能够做好、能够取得较大的成功的有效措施。这种做法可以形成一个良性循环。

超链接

制订发展计划与措施的方法

要想实现职业生涯目标规划，应分别制订出十年、五年、三年、一年计划，以及一个月、一周、一日计划。计划制订好后，再从一日、一周、一个月开始实施下去，直至实现你的一年、三年、五年、十年计划。

1．拟定未来发展的大目标。这一生，你想干什么？想成为什么样的人？想取得什么成就？想成为哪种专业的佼佼者？将这些问题确定之后，你的人生目标也就确定了。

2．确定今后十年的大计。二十年计划太长，可能被人忽视以至放弃，十年计划则比较合适，而且十年的时间不短，足够成就一件大事。今后十年，你希望自己变成什么样子？拥有什么样的事业？将有多少收入？计划投资哪些家庭固定资产？要过上什么样的生活？你的家庭与健康水平如何？把它们仔细地想清楚，一条一条地计划好，记录在案。

3．制订五年计划。定出五年计划的目的，是将“十年大计”分阶段实施，并使得计划进一步具体化、细化，还能将目标进一步分解。

4．定出三年计划。俗话说，五年计划看头三年。因此，你的三年计划要比五年计划更具体、更详细。

5．定出明年的计划。定出明年的计划，以及实现计划的步骤、方法与时间表。计划的内容务必具体、切实可行。如果从现在开始制订，则应单独制订出当年的计划。

6．安排下月的计划。下月计划应包括下月要做的工作、应完成的任务、质和量方面的要求、要学习的新知识和有关信息、要结识的新朋友等。月计划是一种非常注重操作性、讲求时效性的计划。

7．“精算”出下周的计划。下周计划的内容与下月计划相同，务求具体、详细、数字化，以便操作。必须注意，每逢周末时，要提前做好下周的计划。

8．落实明天的计划。选取最重要的三至五件事，按照事情的轻重缓急排好顺序，然后按计划去做，这样做可以避免“捡了芝麻，丢了西瓜”。

学以致用

[课堂活动]

活动1：一周学习计划的执行情况

活动规则：

1. 请每位同学制订出一周的学习计划和要达到的具体标准。

2. 小组内进行交流讨论，挑选并完善某一位同学的计划。

3. 将各小组完善后的计划在班上进行汇报，同学们点评。

活动 2：看图论辩

如果说右图中的“梨子”代表不符合现实状况的职业生涯目标，“苹果”代表调整后的目标，该图对你有什么启示？再找一找，你有什么“梨子”？应当换成什么“苹果”？

[**课外拓展**]

1. 访一访

在职业生涯发展中，时间管理的意识与方法非常重要，请向老师或专业人士咨询时间管理的方法，提升你管理时间的能力。

2. 想一想

你有什么样的职场目标？你有为实现此目标而制定的措施吗？

3. 写一写

填写目标任务分析与措施表。通过评估分析，同学们可以判定一个职业方向（或目标）对自己的适合程度，并明确写出实现它的措施和时间，然后请分析自己要达成这一职业理想已经具备的条件和所欠缺的条件，明确拟定提升自己的具体措施及实施时间。

目标任务分析与措施表

职业理想（你最想做的）				
职业要求				
适合自己的职位和岗位				
因素	个人已具备的条件	个人所欠缺的条件	改进措施	实施时间
专业知识				
专业技能				
职业资格				
身体素质				
从业经验				
……				

[**思考职业与人生**]

1. 为什么说“好的开始是成功的一半”？

2. 如何制订实现近期目标的计划？

模块四

职业生涯发展与就业、创业

第九课　正确认识就业

第十课　做好就业准备

第十一课　创业是就业的重要途径

第九课 正确认识就业

针对当前的就业形势，中职生应结合自身实际和社会现实，树立正确的就业观，处理好职业生涯发展与当前就业的关系，这样才能高瞻远瞩、运筹帷幄，在求职竞争中成为强者。通过学习本课，我们将了解当前的就业形势、就业政策，以及如何提高就业质量等相关知识。

案例导入

走好职业生涯的第一步

何晓华是广州一家职业技术学校汽车维修专业的毕业生。在校学习期间，他刻苦读书、潜心钻研，顺利地拿到了“汽车维修工技师证”和“汽车维修工上岗证”两个证书。在找工作时，何晓华收到了好几家企业的录用通知书。

经过再三考虑，何晓华放弃了在广州两家大维修厂工作的机会，选择在珠海市海天汽车有限公司开始自己的职业生涯。何晓华想，虽然珠海市的这家汽车公司与那两家广州的大维修厂相比，在规模、名气、待遇上都存在一定差距，但是这家公司十分重视对员工的培养，而且公司发展迅速。虽然前3个月试用期的工资不高，但何晓华并不为自己的选择感到后悔。

这样，刚出校园不到半年，何晓华就已经掌握了丰田、大众、马自达和金杯等好几种品牌车型的修理技术。对于自己未来的职业前景，何晓华满怀信心。

1．你怎样看待何晓华的职业选择？
2．就业时你更看重哪些因素？

一、为了成功的明天——职业生涯发展与就业观

人生的道路虽然漫长，但紧要处常常只有几步。走进中职学校之时，我们就迈出了职业生涯发展的关键一步，走向新的人生旅程！在这一发展历程中，正确的就业观如同一盏明灯，指引着职业生涯发展的方向。树立正确的就业观，有助于我们理性地规划未来的发展，并努力在学习过程中自觉地提高从业能力和职业生涯管理能力。

今日的努力，就是明日的成功。

发展从今天起步

对于中职生来说，无论是在校学习期间还是将来毕业走上社会，职业生涯的规划和发展都伴随我们共同成长。个人职业生涯的发展是一个连续的积累过程，并且呈螺旋式上升的状态。这就是说，一个人的职业生涯发展能否成功，不仅取决于其在某一个时间或某一个时段做了什么，而且取决于其在整个职业生涯发展中的表现。

有些同学可能认为职业生涯的发展是从第一份工作开始的，其实不然，我们在学校中学习和生活时就已经开始了职业生涯发展的准备。这一阶段的主要任务是不断地汲取知识，培养自己各方面的能力，为将来步入职场打好基础、做好准备。

成功的职业生涯只属于有准备的人。

正确的就业观奠定成功基础

当学生们完成了在校期间的职业生涯准备阶段后，就进入就业与择业阶段。所谓就业，是指在法定年龄内的有劳动能力和劳动愿望的人们为获取报酬或经营收入而进行的活动。

知识窗

我国劳动法规定的工时制度有三种，即标准工时制、综合工时制和不定时工时制。根据《劳动法》和《国务院关于职工工作时间的规定》（国务院令第174号）的规定，我国目前实行劳动者每日工作8小时、每周工作40小时这一标准工时制。任何单位和个人不得擅自延长职工工作时间。因工作性质或生产特点的限制，不能实行标准工时制度的，按照国家有关规定，可以实行其他工作和休息办法。用人单位由于生产经营需要，经与工会和劳动者协商后可以延长工作时间，一般每日不得超过1小时；因特殊原因需要延长工作时间的，在保障劳动者身体健康的条件下延长工作时间每日不得超过3小时，每月不得超过36小时。用人单位在法定节日期间应当依法安排劳动者休假。

学生在面临就业时会有各种各样的考虑，对就业有着不同的看法和态度，这样就形成了多种就业观。简单来说，就业观是人们在就业方面的根本性观念，它对人们的就业选择、从业行为具有导向和推动作用，对人们的职业生涯发展产生决定性的影响。正确的就业观是成功就业的前提。那么，当代中职生应当树立什么样的就业观呢？

第一，树立“注重落实就业”的思想，打破一步到位、一次选择定终身的观念。我们要转变思想观念，认识到职业是基本的谋生手段，不要对第一

份工作过于挑剔，只要岗位基本合适，行业、工种、区域都可以跨越。我们可以在做第一份工作的过程中，通过工作实践和岗位培训等积累和提高自己的技能，为日后职业的进一步发展和再一次择业打好基础。

第二，树立竞争就业的思想，不断充实和提升自己。当前，人才的竞争愈加激烈。我们要知道“上岗凭本事，提拔靠贡献”的道理，树立竞争就业的思想，不断学习新的知识与技能，不断提高自身的素质，把自己培养成适应社会需要的优秀人才。

第三，树立自主就业的思想，在就业过程中发挥自己的创造性。就业时，我们不能只依赖学校“分配工作”和家长“有路子找工作”，而应自己到就业市场去观察、去体验、去实践。我们还应具有自主创业的精神，在有了一定的条件、经验、人脉等资源的积累后，开创自己的事业，寻求职业生涯的大发展。

身边的故事

发挥自主性，开创新天地

刘江峰在职业学校学的是果林专业，因成绩优异，毕业后被学校推荐到省农科院工作。随着改革开放的深入和社会主义新农村的建设，一批有知识、懂技术、会管理的青年回到农村实现了自己的职业理想。刘江峰结合自己的实际情况，辞掉了让很多人羡慕的稳定工作，回到了家乡刘各庄村。他暗下决心，要把学到的专业知识奉献给家乡。

刘江峰筹集资金，承包了村东的120亩果园。在刚开始的几年，刘江峰先后遇到了果园病虫害、资金短缺及果园管理难度大等问题。但他没有放弃，想方设法通过各种途径使得120亩果园焕发出了勃勃生机。

刘江峰以前虽然工作稳定、待遇不错，但他并不满足于现状，而是充分发挥自主性和创造性，选择了能够发挥自己专业优势的创业之路——承包果园。这一决定不但给刘江峰带来了丰厚的经济收入，使他的职业生涯道路越走越宽，而且带动了周边的乡亲致富。

▶ **思考：刘江峰放弃了令人羡慕的工作而选择回到家乡承包果园，你怎么看待他的选择？**

二、审时度势——就业形势、就业政策与择业观

我国的就业形势

中职生应顺应当前的就业形势，从个人实际、社会需求和长远发展入手，树立正确的择业观。只有这样，才能顺应经济社会的发展，实现自己的职业理想。

第一，社会就业形势严峻。改革开放四十多年来，我国经济快速发展，在工业

化、城市化、市场化、国际化的进程中，涌现出大量企业，为劳动者提供了一定的就业机会。然而，与迅猛增长的劳动力供给量相比，就业岗位的增加依然显得“步履沉重”。据估计，在现有的经济格局下，每年新增的就业岗位有 1 000 多万个，而我国新增加的劳动力加上现存的下岗失业人员，可能达到 2 000 多万人，供求之间存在着较大的差距。

第二，技能型人才抢手。技能型人才是我国经济快速发展的顶梁柱，为我国实现现代化做出了突出贡献。近年来，技能型人才占就业人数的比例在日益上升，经济越发达的地区，对高技能型人才的需求越大。例如，高级技师等高技能型人才紧缺，他们的工资甚至超过了许多工程师。国家出台了一系列政策，大力发展职业教育，大力培养技能型人才。只要我们努力学好专业、学好技术，未来的职业发展前景会更广阔！

第三，各地区就业形势差异大。一个地区的就业形势往往与当地的经济发展水平相联系。一般来说，经济发达地区开放程度比较高，市场化和国际化运作相对正规，所以能为劳动者提供的就业岗位就比较多。我国幅员辽阔，各地区的经济发展水平存在很大的差异，因此，各地的就业形势也就有所不同。总的来说，我国东部沿海地区的就业形势好于西部内陆地区，经济发展水平较高地区的就业形势好于经济发展水平较低的地区。

超链接

2020 年，浙江科技创新产业升级取得重要进展。“互联网 +”、生命健康、新材料三大科创高地加快建设，杭州城西科创大走廊建设加力加速，之江实验室、西湖实验室纳入国家实验室建设序列，首批浙江省实验室启动建设；实施“尖峰、尖兵、领雁、领航”计划，形成 73 项自主可控进口替代成果……

浙江省提出了人才强省、创新强省战略。在加强人才引育方面，浙江省的目标是五年集聚领军人才 5 000 名以上、新增高技能人才 100 万名以上。

▶ 思考：你怎样看待现在“高级技工用工荒”现象和浙江要增加 100 万高技能人才的计划？它给我们中职生带来了什么机遇和挑战？

当前的就业政策和就业市场

我国当前的就业政策主要是：市场调节就业、政府促进就业和鼓励创业。我国正从一个制造业大国向制造业强国转变，各行各业对技能型人才都有着很大的需求。在我国的现代化进程中，技能型人才严重短缺，因此职业学校毕业生比较抢手。同时，市场经济的双向选择机制也使得中职生必须面对激烈的市场竞争，凭借自己的专业实力和综合素质得到工作岗位、获得职业生涯的发展。

知识窗

所谓市场调节就业，是指通过培育和发展劳动力市场，将市场机制作为配置劳动力资源的基础性调节手段，实现用人单位和劳动者的双向选择。市场调节就业有利于劳动力在竞争中实现最优化配置，有利于劳动力不断提高其自身素质，有利于劳动力资源从总体上得到充分利用和开发。市场调节就业的目标主要是用人单位自主用人，劳动者自主就业，促进劳动者和用人单位相互选择，实现劳动力合理流动。

我们接受的职业学校的教育注重实践能力的培养。很多职业学校在完成教学任务的同时，还与企业达成合作协议，把生产车间直接开办到学校里，通过这种方式，不少学生毕业时已经是熟练工人，一上岗就能立刻接手工作。这使得我们中职生拥有得天独厚的技能优势，能够在激烈竞争的就业市场中找到发挥自己作用的场所。

当然，我们也不能盲目乐观。虽然就业市场对技能型人才的需求很大，但技能掌握得不牢固、不扎实的学生，即使走上了工作岗位，也会面临被辞退的风险。此外，如果不能做到踏实、认真地工作，频繁跳槽，职业生涯发展也不会很顺利。

正确的择业观是顺利就业的关键

中职生在择业的过程中抱有正确的择业观至关重要，这不仅关系到其能否顺利就业，也关系到其今后的职业发展。面对严峻的就业形势，中职生应当如何树立正确的择业观呢？

第一，立足个人实际。中职生在选择岗位时，最基本的一点是要立足个人实际。别人眼中的好单位、好工作，不一定是对自己的发展最有利的。因此，中职生在选择岗位时，要注意结合自己的性格、兴趣、爱好和优势，选择自己最适合的。只有选择了最适合自己的岗位，才能最大限度地发挥自己的潜能，才能使自己的职业生涯之路越走越顺。

超链接

如何知道自己适合哪类工作？

我们中职生如何能正确认识自己，找到适合自己的工作呢？专家建议可采取以下方法：

1. 听取老师、家长和朋友的建议。俗话说，人贵有自知之明。人们有时对自己的认识不太清楚、不太准确，而自己身边的人则往往较容易发现自己的优势和特点。因此，听取老师、家长和朋友对自己的建议、看法和评价是认识自己的一条好途径。

2．寻求学校就业指导机构的帮助。学校就业指导机构的老师们从事专门的职业指导工作，他们运用心理学或社会学的相关知识，对前来咨询的学生进行深入了解，在这一基础上，对学生的职业心理特征做出判断并给出建议。学校就业指导机构也可提供对学生职业心理进行测试的量表，对同学们了解自己适合哪类工作很有帮助。

3．进行自我测试。通过上网或是购买职业心理类读物，对自己的职业适应性进行测试，从而发现自己适合哪类工作。这种测试包括正式测试和非正式测试。正式测试如职业能力测试、性格倾向测试等，其结果可信度比较高；非正式测试则通常是一些内容灵活、有趣的测试，如网络上流行的对血型与职业关系的测试，这种非正式测试也有一定的参考价值。

身边的故事

小辉的困惑

最近，红山市中等职业学校商务管理专业学生小辉的心情很复杂。在校期间，他学习成绩很好，对专业技能的掌握也很到位，但让他烦恼的是，从开始找工作到现在，他投了几十份简历，跑了六七场招聘会，每次都未能如愿，要么觉得公司待遇不够理想，要么觉得公司规模不大，发展前景不广阔，好不容易找到一个满意的岗位，公司又认为他的学历不够高，将他拒之门外。眼看就要毕业了，小辉还是没有找到满意的工作。

▶ **思考：为什么小辉没能顺利地找到满意的工作?**

第二，立足社会需要。职业之所以能够存在，是因为社会上存在对这种职业的需求。社会需求下降，就会出现用人单位裁员的情况。我们在选择就业岗位时，不能只根据“工作是否体面、待遇高不高”等标准，对个人得失考虑过多，而应当立足社会的需要，到社会最需要我们的地方去发挥聪明才智，在奉献中实现自身的价值。对中职生来说，从事社会需要的工作，坚持做下去，并用心思考，成为行家里手，就有可能在某种职业岗位以及相关职业岗位上取得成功。这样既能满足社会需要，又能实现自身价值，实现双赢。

身边的故事

王晓丹的新职业

王晓丹从事的是幼教工作，一次偶然的机会，她发现社会上对育婴师的需求很大，于是她决定考取育婴师职业资格证书，加入这一行业。

在学习期间，王晓丹学习了关于婴儿喂养、清洁、健康、游戏等方面的课程，对婴儿各阶段的特点有了更多的了解。她在实践教学中感受到了育婴师的不易与乐趣，尤其在训练婴幼儿对音乐的敏感性方面，她学到了很多方法。学习结束后，王晓丹考取了国家颁发的育婴师职业资格证书，正式开始了育婴师的工作。

王晓丹刚开始工作时，每周只有一两个人前来咨询、预约，到现在几乎每天都有人打电话请王晓丹去照顾他们的婴儿。王晓丹越来越忙碌，不仅获得了不菲的经济收入，也收获了他人对自己的认可。作为一名育婴师，王晓丹感到非常自豪。

▶ **思考：读了这个故事，你对“立足社会需要”这一择业观有什么样的理解？**

不谋全局者，不足以谋一域；不谋长久者，不足以谋一时。

第三，立足长远发展。在选择就业岗位时，要目光长远。当前，我国正在进行产业结构调整，很多产业刚刚兴起，很多新岗位刚刚被我们所认识，随着市场的不断变化，它们会有很好的发展前景。只要能够在岗位上发挥自己的优势和潜能，有机会学到新的东西，就不愁明天没有成功的机会。

三、理想走向现实——提高就业质量

拓宽就业思路，保证就业“量”的提高

近年来，中职生就业形势比较乐观，但在高就业率的背后可能隐藏着低就业质量的问题。有的中职生在就业时因为不能正确定位、岗位适应能力差、缺乏与人沟通合作的能力等问题而不能适应岗位，最终放弃，频繁跳槽，继而四处碰壁。还有的中职生在产业升级不断提速的今天，不能正确认识自我、找准岗位定位，不能勤于学习，缺乏发展的后劲，致使上升渠道不畅通。这些职业理想与现实之间的巨大差异，严重影响了中职生的职业生涯发展，降低了就业质量。因此，党的十九大报告明确指出：“要坚持就业优先战略和积极就业政策，实现更高质量和更充分就业。”

中职生要立足本人实际，转变就业观念，认清当前就业形势，了解行业发展动态，积极学习技能和积累资源，不断拓宽就业思路，努力增加就业机会。

增强技能水平，实现就业“质”的转变

很多中职生在择业的时候，倾向于去国家机关或

大型企事业单位，对于别的行业和岗位了解较少，往往错过了许多很有发展空间的就业机会。中职生要转变就业观念，对于就业岗位的选择，不能只注重眼前的利益，要综合考虑自己的优势和职业岗位的发展空间。成功的秘诀不在于工作种类的优劣，而在于就业者更宽的眼界和发展思路，以及对待工作的认真态度。

在激烈的市场竞争中，中职生必须突出自身优势才能够取胜。中职生的优势是专业技能好、操作能力强、顶岗就业快。因此，同学们要树立靠实力竞争上岗的意识，搞好学业，强化专业知识和技能，并努力达到一专多能，将过硬的专业技能作为就业成功的敲门砖。

中职生实现就业以后，还要在工作实践中不断积累经验和阅历，增强分析问题、解决问题的能力，加强职业学习和技能培训，注重提升自身的就业和创业能力，增强技能水平，最终实现自己的职业目标，实现“质”的飞跃。

身边的故事

技能一小步，命运一大步

李昊天是一名来自湛江农村的技工学校的学生。在校学习期间，他严格要求自己，不放过任何一个学习的机会。他刻苦钻研专业技术，学习成绩一直名列前茅。为了增加实践经验，他利用节假日到广州的几家装饰公司做兼职，为日后的创业打下了坚实的基础。

从广州白云工商技师学院室内设计专业毕业后，李昊天凭借过硬的技术和丰富的经验，从一名普通的设计助理做到设计师、设计总监，直至注册自己的装饰公司，开启了他的独立创业之路。如今，他已是身价几百万的企业家，并荣获“中山十大设计师”称号。

▶ 思考：李昊天为什么能在技工学校的教育下放射出鲜艳夺目的光芒，成为职教生中的佼佼者？

提高自身素质，实现更高质量的就业

一般用人单位最看重的不是工作经验，而是综合素质，如人际交往能力、沟通协调能力、学习和接受能力，以及为人处世的态度和品行等。很多中职生由于长期在家庭和学校的呵护下，与社会接触较少，因此在一定程度上缺乏沟通协调的能力。参加工作后，他们做事缺乏主动性，不积极想办法解决问题，被公司辞退还不知道原因何在。这些问题都需要中职生通过不断提高自身素质来解决。

中职生应该树立务实的择业观，珍惜就业的机会，努力了解企业文化，遵守职业道德和企业规章制度，不断提高自身的综合素质和职业素养。只有具有较高的素质并真正融入工作单位中，才能热爱和做好本职工作，增强就业的稳定性，最终实现更高质量的就业。

超链接

企业需要什么样的人才？

广东侨兴集团人力资源部总监李国臣认为，具备扎实的专业知识是对应聘者最基本的要求，德才兼备的人才能真正受到企业的青睐。为此，李国臣提出了“四品说”——有才有德是“正品”，有才无德是“毒品”，无才有德是“次品”，无才无德是“废品”。这与蒙牛集团的用人标准——“有德有才，破格重用；有德无才，培养使用；有才无德，限制录用；无德无才，坚决不用”不谋而合。

学以致用

[课堂活动]

活动：辩论赛

辩论题目：是先就业再择业，还是先择业再就业？

活动要求：

1. 组织学生成立正、反方辩论队，参赛辩手每队4名，其余同学做后援团。

2. 选出1名主持人、2名计时员，教师指导学生设计好辩论赛程序（辩论赛程序参考：主辩阐明观点，自由发言，自由辩论，总结发言）。

3. 请职业指导教师、德育教师或班主任以及2名学生代表做评委，辩论赛结束后，请评委进行点评。

4. 评选出“最佳辩手”“最佳表现奖”等奖项。

[课外拓展]

1. 访一访

分组到本地的人才市场与招聘者、应聘者聊一聊，了解当前的就业状况，并将所了解到的信息与班上其他同学分享。

2. 填一填

根据课堂上学到的当前就业形势和就业政策知识，结合互联网上的相关信息，分析就业形势和就业政策带给自己的机会和挑战是什么，并据此判断自己设立的发展目标和发展台阶需要做出哪些修改和完善，填入下表中。

就业形势和就业政策分析		修改和完善后的发展目标		修改和完善后的发展台阶与措施			
我的机会	我的挑战						
		长远目标		大台阶		措施	
		阶段目标		中台阶		措施	
		短期目标		小台阶		措施	

[思考职业与人生]

1. 结合我国当前的就业形势和就业政策，认真思考这些因素对你的就业有何影响。

2. 面对当前的就业形势和就业政策，我们中职生应树立什么样的择业观？

3. 2018 年《宪法修正案》将“推动物质文明、政治文明、精神文明、社会文明、生态文明协调发展，把我国建设成为富强民主文明和谐美丽的社会主义现代化强国，实现中华民族伟大复兴”的建设目标写入宪法，这样的时代大背景对我们中职生的就业与未来发展会产生什么影响？

第十课 做好就业准备

良好的就业和职业发展的关键在于要把握好每个时期就业的新形势和自身的条件，做好规划和准备。本课主要就中职生在学习中如何做好就业准备来阐述。中职生要改掉身上的陋习，学会学习，学会忍耐，学会坚强，提升职业核心素养，成为有技艺、有担当、有情怀、高情商、高素养、高能力的职业人。

案例导入

实习故事

郝鹏和孟菲两人来到学校推荐的实习单位实习。孟菲来自大城市，家庭条件很好，自我感觉良好，英语基础好、计算机操作熟练、表达能力强、写作能力好，他经常对安排给他的工作说三道四，和谁说话都顶着来，所在的实习部门对他很不满意。后来他换了好几个部门，弄得大家都很烦。孟菲因为嫌辛苦，觉得不公平，找领导沟通，领导答复：“如果不愿意接受，就回学校吧。”后来他每天上班都迟到，最后自己放弃了实习。郝鹏是个小胖子，喜欢笑，整天嘻嘻哈哈的。他经常被上司呼来唤去，今天干这个，明天干那个，俨然是个多面手，但实习结束后“小胖子”也没有在实习单位留下来入职工作。

1. 他们两个没有留下来正式入职的原因有哪些？
2. 我们在就业之前需要做哪些准备？

一、职场的呼唤——做好从“学校人”到“职业人”的角色转换

从中等职业学校毕业后，中职生中的大部分人会步入职场，开始新的生活。职场是中职生发展与获取成功体验的重要场所。但学校与职场在活动内容、行为方式、人际交往等方面有很多不同，可能会导致一些毕业生在短时间内难以适应新的环境，甚至影响了职业生涯的顺利发展。能否顺利地完成从“学校人”到“职业人”的角色转变，对每一个中职生能否迈好职业生涯的第一步非常重要。

认识“职业人”

简单来说，职业人就是指有职业的人或是从事职业活动的人，也可以说是在职业领域中从事社会活动的人。职业人是作为职业活动的主体而存在的人，他（她）处于职场中，与职业岗位相联系，通过自己的职业知识和职业技能，完成相应的工作职责，从中获得一定的经济报酬。此外，在职业人身上还应体现职业精神。行有行规，进一步来看，职业人从事哪种职业，就应遵守哪种职业的基本准则和约定俗成的规则。

超链接

如何成为成功的职业人?

要想将自己塑造成为成功的职业人，就要做到德艺双修。

1. 要具备优良的道德品质，也就是要学会做人，在日常生活中严于律己、宽以待人、诚实守信；在工作中认真负责、爱岗敬业。

2. 要具备高超的技艺。掌握一门精湛的技术有利于我们个人职业生涯的发展，若没有高超的技术，就会缺乏竞争和发展的优势。

在日常生活中，无论是文化课学习、专业课实训还是社会实践活动，我们都要把自己当作职业人，做到“敬业为德，学艺求精”。日积月累，习惯成自然，职业人的角色便会逐渐内化于我们的心灵之中。这样，当我们真正成为职业人、从事职业工作的时候，就能应对自如、从容不迫。

从职业人的含义，我们可以看到“职业人”角色和“学校人”角色之间存在着很大差异。中职生步入工作领域，需要及时从“学校人”角色转换为“职业人”角色，只有角色转换成功，才能尽快适应社会、融入社会，否则必然在社会中碰壁。

思维广角

职业精神是一种征服人心的力量

职业不只是一份工作，还是生活的重要组成部分；职业精神也不止于职业过程，更是一种由内而生的美德。当前，我们的生活中涌现出一个又一个“最美司机”“最美教师”“最美军人”“最美护士”等，比如行车途中，司机在突发疾病时果断减速靠边停车，用最后一丝力气确保乘客安然无恙；上学路上，老师奋不顾身推开学生，自己却被卷入车轮下；手术室里，医生连做 4 台手术，累倒在手术台上……对他们来说，职业精神已经是对职业、对责任、对人生的虔诚之心，已经成为一种征服人心的巨大力量。

职业精神能够让人“在其位，谋其政，尽其职”。司机的责任是把乘客安全地送到目的地，医生的天职是治病救人，老师的使命是“传道授业解惑”——不同的行业、不同的岗位都需要相应的职业能力、职业精神和职业操守。只有具备职业精神，才能爱岗敬业，才能在平凡的工作中对专业能力孜孜以求，对职业操守严格遵守。

▶ **思考：你认为在学习阶段，应该怎样为培养职业精神做准备？**

角色转换的四个重点

从“学校人”到“职业人”，既是人生非常重要的角色转换，也是一次人生的跨越，是职业生涯发展的跳板，对中职生迈好职业生涯第一步非常重要。

第一，从成长导向向职业导向的转变。

“学校人”的主要任务是努力汲取知识，德、智、体、美全方面发展，掌握在职业生活中奋勇搏击的本领，是一个接受教育、储备知识、培养能力的成长过程。“职业人”以特定的身份去履行自己的职责，依靠自己的本领为社会服务，完成社会分工中自己应尽的职责。对一个“职业人”来说，承担并履行职业责任是非常关键的。责任心强不强，是用人单位考核员工的重要内容。

承担角色责任是从“学校人”向“职业人”角色转换的基础。为顺利完成这一转换，中职生在学生时代应把每一项实验、实训当作真正的职业活动来完成，有意识地培养自己的责任感。毕业后步入职场，在面对琐碎、单调、重复的工作时，要调整不安心工作的心态，尽快熟悉新环境，找准角色定位，爱岗敬业。

第二，从个性导向向团队导向的转变。

学校中的人际关系简单，学生以完成学习任务为主，虽然在集体中生活，但学习活动主要由个人完成。在多种形式的学习活动中，学校鼓励学生主动地发展自己，个性发展在学校教育中受到特别的重视。步入工作岗位后，人际关系会变得相对复杂，这时，团队意识就成为“职业人”应具备的素质之一。

个人只有融入团队，才能在团队中得到发展。因此，在学生时代，我们应该热爱集体、融入集体，积极参加集体活动，在活动中培养集体主义精神，在实践中提高自己的团队意识。毕业后进入职场，要积极熟悉所在团队的特点，使自己尽快进入角色。

第三，从思维导向向行为导向的转变。

“学校人”的学习活动以思维为主，主要特点是“想”。思维活动是用头脑去想、去记、去理解的活动，主要表现在意识领域，即使思维出了问题，一般也不会产生较严重的后果。“职业人”的职业活动以行为为主，主要特点是“做”。有行为就有相应的后果，基本上不允许犯错，因为一旦犯了错就将带来不良后果。

行为不允许出错，是对“职业人”的基本要求。中职生在学生时代，应该在学习理论知识和实操训练时，养成一丝不苟、精益求精的习惯，为思维导向向行为导向的转变做好铺垫。

第四，从智力导向向品德导向的转变。

“学校人”以学习为主，虽然学校工作以德育为首，但学习好的学生往往是人们心目中的佼佼者。“职业人”以职业为主，企业效益的提高更多的是依靠员工对企业的忠诚，依靠员工之间的精诚合作，因此企业十分重视员工如何处理“做人”和“做事”的关系。

职业道德是用人单位特别看重的品质。中职生在学生时代不应当只重智、重技而轻德，必须要学习如何去做人，为职业生涯的顺利起步做好准备。毕业后初入职场，要珍惜职业生涯中的第一份工作，尽快了解行业、职业道德行为标准，并以此来规范自己的行为，尽快适应工作，在学习做事的同时也要学习如何做人、如何做一名优秀的职业人。

如果中职生能在学生时代为上述角色转换做好充分准备，又在就业后为之努力，就能较好地完成角色转换，迈好职业生涯的第一步。

超链接

谋事在人：过五关

很多人知道如何做对一件事，却很少思考为什么这样做就能做对。知道怎样做事的人总是能找到好工作，知道怎样才能做对的人总是能成为前者的领导。在职场中要想有所作为，就一定要过好下面五关。

第一关：领悟并认同单位的企业文化（核心价值观）。

企业文化是一个企业由其价值观、信念、仪式、符号、处事方式等组成的特有的文化形象，是在一定的条件下，企业生产经营和管理活动中所创造的具有该企业特色的精神财富和物质形态。

第二关：理解单位工作的方法论。

方法论就是思考问题和解决问题的方法。对于方法论的理解、领悟和强化执行可以提升我们的工作能力，防止工作中的随机性和随意性。

第三关：掌握单位工作的战术原则。

我们的业务决策原则就是“做什么、不做什么以及怎么去做”。越清楚我们能做什么、不能做什么，就越清楚我们该做什么。

第四关：了解自己的领导。

领导是一个单位或部门的决策者和领导者，对单位或部门负有重大的责任。一般情况下，领导是由一些德才兼备、经验丰富的人来担任的。因此要了解领导、熟悉领导，要维护领导的威信，要遵照领导的意见，要尊重领导的职权，要体谅领导的难处，要正确领会、贯彻、执行领导的意图，要正确看待领导的缺点，做到补台不拆台，增强办事能力、树立沟通意识，学会建言献策。

第五关：团结身边的同事。

现代社会强调分工，更注重合作。一个单位或部门就如同一个小社会。各部门之间的工作相对独立，但要把每项工作都做好，就需要各个部门同事互相团结、协作，形成合力。在团队中处理好同事关系，对助力自己的职业发展尤为重要。因此我们应懂得要竞争更要合作，要灵活更要有原则，要示弱更要自信，要索取更要给予，要同意更要拒绝，要亲密更要有隙。

▶ **思考：**

1. **你怎么看“认同企业文化”的问题？**
2. **你怎么看“谁人背后不被说，谁人背后不说人”？**

二、塑造符合社会需要的“我”——做好适应社会、融入社会的准备

适应社会、融入社会的能力是我们在社会中生存所必须具备的基本能力，也是我们职业生涯顺利发展的前提。如果缺乏这种能力，即使在其他方面再优秀，也会遭到社会和职场的排斥，因而无法从社会中获得自身发展所需要的资源，更无法获得施展个人抱负的空间。适应社会、融入社会的能力可从下述几方面来培养。

在学习中训练

知识是能力的基础，但不等同于能力，将知识运用于实践才能成为能力，这有一个转化过程，这个过程的完成需要训练。学校安排调查、试验、实习等实践类的课程，就是为了让学生把知识转化为能力。在校期间，中职生应当积极、主动地完成这个转化过程。

在日常生活中训练

社会能力的提高要靠日常生活中的训练。中职生平时就要注意穿衣得体，训练自己的言行举止，争取给人留下良好的第一印象。

职场箴言

- ▶ 滴水不成海，独木难成林。
- ▶ 集体是力量的源泉，众人是智慧的摇篮。
- ▶ 众人一条心，黄土变成金。

当和同学发生矛盾的时候，要努力控制自己的不良情绪，久而久之，控制力就提高了，个人修养也提升了。有的同学平时只顾自己学习，不愿意承担社会工作，其实承担一些社会工作是锻炼自己组织能力和执行任务能力的好机会。用人单位招聘时往往会关注毕业生在校期间担任过什么职务，借此评估学生的团队精神、组织能力和执行任务能力。

在社会实践中提高

尽管在学校可以训练自己的能力，但学校生活毕竟有一定的局限性，学校的人际关系并不复杂，遇到的问题和矛盾容易解决。因此，中职生还需要通过社会实践来理解更多方面的社会关系，以提高自己的社会能力。中职生对社会的适应应该积极主动，在校期间既要多参加各种活动，也要多参加各种社会实践，只有这样，才有利于社会能力的提高。

三、找工作有诀窍——掌握求职的基本方法

做事要讲究方法，只有掌握了行之有效的方法，才可以收到事半功倍的效果。求职也不例外，从开始求职到求职成功，每一步都有方法可循。

收集和整理信息

信息是决策的重要依据，全面、准确的职业信息，能够确保毕业生做出正确的职业决策。如果毕业生耳目闭塞、信息不灵，择业就如同盲人骑瞎马，很难找到理想的工作。因此，毕业生要重视信息的收集和整理。

收集职业信息的渠道主要包括：职业介绍机构，招聘洽谈会，报刊，网络，自己的观察，亲友、邻居、校友的介绍，以及学校就业指导部门。在收集完信息后，毕业生还需要对信息进行分类整理，找出有价值、可利用的信息，摈弃那些无用的、冗余的信息以及错误的、虚假的信息。

知识窗

职业信息有哪些内容？

1．招聘单位的基本情况，包括招聘单位所属的行业、组织机构、业务范围和内容、所在地区、产权性质等。

2．需求岗位的工作内容，包括上下级关系、工作职责、工作权限、考核方式、工作时间、工作场所、工作环境等。

3．招聘单位的薪酬待遇，包括工资、奖金、津贴、福利以及医疗、养老保险等。

4．招聘条件，即招聘单位对求职者的具体要求，包括学历、专业、职业资格、能力以及心理素质、身体素质要求等。

5．招聘数量与报名办法，包括招聘单位有哪些岗位要招聘人员，每种岗位招聘人员的数量，报名的时间、地点、方式，求职者应准备哪些证件和材料等。

了解求职途径

求职途径因人而异。毕业生可以通过以下几种途径求职：

一是推荐。职业学校大多设有专门为毕业生提供就业指导的部门，负责毕业生的就业工作。就业指导部门的老师既有丰富的就业指导知识，也能够给毕业生提供针对性强、适配度高的职业信息。

二是实习。学校一般都会组织毕业生到一些单位去实习。在实习期，不少学生因为工作努力和学习认真而被用人单位选中。对于中职生来说，实习是一条“顺风直航”的就业途径。

三是招聘会。现在各类招聘会很多，这是毕业生求职的重要途径之一。除了参加学校组织的校园招聘会外，毕业生还可以根据自身情况，有选择地参加一些社会

招聘会。

四是网络求职。在网上求职范围广，无区域和时间限制，快捷、高效、省时省力、费用低，种种优势使得网络求职越来越受到求职者的青睐。

超链接

网络求职的常用网站

中国就业网，网址为：http://www.chinajob.gov.cn/。

中华英才网，网址为：http://www.chinahr.com/。

智联招聘网，网址为：http://www.zhaopin.com/。

前程无忧求职网，网址为：http://www.51job.com/。

过来人求职网，网址为：http://www.guolairen.com/。

应届生求职网，网址为：http://www.yingjiesheng.com/。

五是社会关系。在现代社会，沟通和交往非常重要，社会关系网络对毕业生来说，可能也是就业机会。父母、亲友往往能提供有用的职业信息，而且比较准确、可靠。此外，已毕业的师兄师姐、学校的专业课程老师也能够提供不少有用的职业信息。

想一想

除了上述途径外，还有哪些途径可以帮助你获得理想的职业岗位？

学习撰写简历

简历是一种个人重要信息的汇集。其主要内容包括个人基本情况、学业情况、实习经历、专业特长和求职意向等，具体如下表所示。

简历的内容

项目	具体内容
个人基本情况	列出自己的姓名、年龄、性别、籍贯、政治面貌、学校和专业等基本信息，此外还有健康状况、爱好与兴趣、联系方式等
学业情况	写明各阶段学习的起止时间，所学的主要课程及考核成绩，在班级所担任的职务，在校期间所获得的奖励和荣誉，考取的职业资格证书等
实习经历	包括实习单位的名称、实习内容、实习时间、从事工作的内容和性质等

续表

项目	具体内容
专业特长	写出专业学习中的亮点（如有哪些涉及专业的成果）、专业比赛中的成绩（如获得某个竞赛项目的奖项）、实习中的亮点（如参与了实习单位的哪些创造与发明），以及与招聘岗位相关的个人特长
求职意向	写明自己求职时希望得到什么样的工种或岗位，还可以写明自己的发展目标等

超链接

如何撰写一份吸引人的简历？

简历相当于一份推销自己的说明书。它不可能把求职者所有的信息和细节都告诉招聘者，但应当引起招聘者的兴趣。具体来说，撰写简历时要注意以下几点：

1. 要条理清楚。把自己的学习、实习与实践、获奖等情况进行全面的梳理，并形成条目式的清单。

2. 要有针对性。要根据自己选中的目标单位构思一份有针对性的简历。针对一个既定的明确目标写完简历后，要认真检查，看其是否真的适用于选定的目标单位。

3. 要简洁精练。用最简洁、最准确、最客观、最有吸引力的文字对自己做一个客观而精彩的介绍，以便迅速吸引招聘者的“眼球”。

4. 要突出重点。挑出适合目标单位和岗位的最有说服力的成绩，并用恰当的文字把它们表达出来。

5. 要注意细节。撰写完简历后要重新检查一遍，调整简历的版面和篇幅，使它尽量简短而美观。

掌握面试技巧

求职面试的时间一般都不会太长，短的甚至只有三五分钟，但它是一个非常关键的过程，可能影响一个人几年甚至几十年的命运。若想求职面试获得成功，就要在有限的时间内充分展示自己的特点和优势。面试的三个阶段如下表所示。

面试的三个阶段

阶段	主要任务
面试前的准备阶段	这一阶段的主要工作是做好各项准备，包括：形象准备，如衣着、礼仪等；知识准备，如公司信息、专业知识等；心理准备，如保持轻松、愉快的心情等
面试进行阶段	这一阶段是面试的核心阶段。开始时，应聘者要尝试通过最初的接触给面试官留下好的印象。当转入具体谈话时，要保持积极向上的心态，认真思考和回答面试官提出的各种问题。面试进入尾声时，面试官对应聘者的技能和兴趣已经有了一定的了解，应聘者可以向面试官提出问题，如询问得到面试结果的时间等

续表

阶段	主要任务
面试结束后的追踪阶段	这一阶段主要是做总结。面试者应当回顾一下面试过程中自己的表现，并记录相关信息，做好总结，这可以帮助我们积累面试经验，为下一次面试提供借鉴

超链接

面试中要注意的问题

要想取得面试的成功，在面试的各个阶段都要集中精力、认真对待，力求全面展示自己的专业优势和综合素质。具体来说，应当注意以下几方面：

1. 面试前要想到各种细节，准备充分，给面试官留下良好的第一印象。
2. 注意礼仪，体现自己的文明风采。
3. 自信自强，语言把握有度，沉着、不怯场。
4. 实事求是，不弄虚作假。

当然，功夫主要下在平时，“临时抱佛脚”难以见效。中职生在平时学习时，就应注意积累知识、提高修养，这样面试时才会有优异的表现。

学以致用

[课堂活动]

活动 1：辩论

有人说：“在团队中，组员之间的相互帮助可以弥补个人能力的不足。因此，没有完美的个人，只有完美的团队，个人只有融入团队才能充分发挥自己的能力。”

此观点是否正确？将全班同学分为正、反两方，各选三名代表发言。

正方：这一观点很精辟，原因是：____。

____

反方：这一观点并不完全正确，原因是：________________________________。

____

活动 2：模拟面试

将全班同学分组，进行模拟面试。任选几名同学担任考官，选择 1 人模拟应聘者、6 人模拟旁观者（人数可根据实际情况调整）。每个人都需要扮演考官、应聘者和旁观者三种角色，并从不同的角色出发，看看自己的表现如何，给出评价。

活动结束后，每个人针对自己的表现填写下表，看看模拟面试反映了自己的哪些优点和缺点，以便进一步采取措施，有针对性地弥补不足。每个小组推荐 1 名同学，在全班进行交流。

项目	具体内容与要求	自我评价		
		我很棒	我要努力	我要加油了
面试前	1. 进行专业知识和技能准备			
	2. 准备好个人简历			
	3. 了解招聘单位和岗位的相关信息			
	4. 衣着得体大方			
面试中	1. 简单介绍自己的背景和长处			
	2. 微笑，保持良好的姿势			
	3 用简短、精练的语言回答问题			
	4. 保持积极向上的态度			
	5. 放松，不要过于紧张			
面试后	1. 对面试情况进行记录和总结			
	2. 正确看待面试结果			
	3. 根据面试情况调整自己的行为			

[课外拓展]

1. 议一议

如何实现从“学校人”向“职业人”的角色转变?

阅读下表，请讨论：如何才能做好从“学校人”向“职业人”的角色转变?

“学校人”与“职业人”的比较

	学校人	职业人	如何实现转变
社会责任	•学习专业知识、技能 •完成知识储备和能力锻炼	•以特定的身份去履行自己的岗位职责 •用自己的知识和技能为社会服务 •完成工作任务，承担风险和责任	
社会规范	•德、智、体、美全面发展 •符合合格公民以及职业岗位的要求	•遵守各类职业工作者的共同规范 •遵守所从事职业的特殊规范 •若违背了规范，就要承担相应的责任	
社会权利	•享受家庭和社会给予的条件 •享有依法接受教育的权利	•依法行使职权、从事工作 •向外界提供自己的职业劳动 •在履行义务的同时获得经济报酬	

2. 练一练：“假如我是领导”

在专业联合实训和其他学生活动中通过模拟体验，换位思考，学会做人做事的思维方式、解决问题的方法与技巧。

[思考职业与人生]

1. 找一找自己目前与“职业人”之间的差距。
2. 作为在校生，如何做好适应社会、融入社会的准备?

第十一课 创业是就业的重要途径

本课主要介绍创业的意义、创业者应具备的素质和能力、中职学生创业的优势以及学生在校期间的创业准备等内容。通过学习本课，可以充分调动自己的主观能动性，改变自身就业心态，找对自己的就业方向，并通过主动学习、独立思考，学会自我调节与控制，重塑个人职业价值观和社会责任感，不断提升职业素养。

案例导入

“小人物”的大梦想

小郑原是上海市某职业学校电子与信息技术专业学生。在校期间，他虽然不是班里的学习尖子，但也是班里的“活跃分子”之一，总是积极参加各种社团活动，提高自己的综合素质和综合能力。他怀揣着毕业后自主创业的梦想，对学校的职业生涯课程和职业指导课程尤其感兴趣，在课堂上努力地汲取创业知识，并在社会实践活动中培养创业能力。

毕业后，一直想自主创业的小郑在家人的帮助和支持下，向银行贷款成立了一家从事电子信息产品设备销售的公司。

创业初期，自认为有一点生意头脑的小郑雄心勃勃，但却屡屡受挫，很多事情想得很好，实施起来却很难，公司有货品但接不到订单。小郑的压力很大，几乎有了打退堂鼓的想法。但他不是一个轻易认输的人，经过不断地反思和总结，他选择了坚持，并调整了公司经营的产品结构，使公司业务逐渐走上正轨。目前公司已有10名员工，货品的经营区域拓展到整个上海市和江苏省的部分地区，业务量不断增加，公司开始赢利。小郑为公司制定了新的发展规划，他的目标是：在未来的五年内将经营区域延伸到更多的省市乃至全国，业务量增加两倍，经营利润翻番。

1. 你认为小郑的成功具备哪些条件？
2. 小郑实现自己创业的“大梦想”还需要什么？

一、事业由我开创——创业的重要意义

创业就是创办自己的事业。创业是利国、利己、利他的好事。对国家来说，自主创业意味着减轻社会就业压力；对个人来说，创业在使自己拥有一份工作的同时，激励和开发了自己的潜能，有助于实现个人的目标；同时，创业还能为他人提供就业岗位。党的十九大报告明确指出，鼓励创业带动就业，促进高校毕业生等青年群体多渠道就业创业。

创业是提高个人素质的途径

创业是一项比较艰辛和充满挑战的活动，创业者可能会遇到许多挫折和风险，但也是饱含着喜悦与憧憬，使人激情迸发。创业是自我学习和探索的过程，是磨炼和提升的过程，也是发挥个人潜能的良好途径。创业成功，能给人带来信心，让创业者从中体验到快乐。

创业能促进职业生涯目标的实现

每个人都在寻求达到自己职业生涯目标的道路。中职生走创业之路，有利于按照自己的意愿实现职业生涯目标。

创业者有充分的自主性，可以按照自己的想法选择经营项目，按照自己的思路运作企业，从而成为自己事业的主人。创业者可以结合自己的兴趣、爱好设计职业生涯发展目标，如果创业成功，不但能获得一定的经济收益，还会向自己的职业生涯目标迈进一大步。即使创业失败，也会在创业过程中锻炼自己的能力、磨炼意志、积累经验，在挫折中学会坚强，为实现自己未来的职业生涯目标奠定基础。

身边的故事

创业成功之路

张云飞由于家庭条件不好，初中毕业后就进入了一所职业学校学习计算机专业。在校期间他一直表现优秀，多次获得奖学金。在入学之初，他就给自己规划了以后的发展蓝图：毕业之后一定要开一家自己的公司。为了实现自己的梦想，他还选修了与创业相关的课程，为以后的创业打下基础。临近毕业时，老师帮他分析了他当时的情况，他也和家人进行了沟通，并没有盲目地去创业，而是选择了去一家电脑公司实习。他从最底层的员工做起，工作再苦再累他都坚持着，他的努力让他顺利通过了实习成为公司的正式员工。在工作中，他积累着各种经验，并且节俭消费，积累资金。

两年后，他拿出所有的积蓄，并在父母的支持下，在电脑城里经营起了一家电脑公司，开始自己创业。刚开始时，加上他自己，公司只有5个人，一切都是未知数。公司主要卖组装电脑、代理各种电脑配件、为一些小公司组建网络并维护。凭着自己过硬的技术和良好的职业修养，张云飞不断调整经营策略，进行技术更新，公司开始慢慢走上轨道。现在公司已经有12名员工，而且每个月的营业额除了能够维持公司日常运转，还有可观的盈利。

他说，在创业之初，一定要做好充分的思想准备，不能怕吃苦、怕失败，要注意调整好自己的心态；要从“小”做起，积累经验，执着坚毅，勇于挑战。只有这样，创业之路才会走向成功，创业梦想才会实现。

▶ **思考：张云飞的创业成功之路对你有什么启发？**

创业有利于社会的发展

创业不仅能充分展示一个人的价值，实现职业生涯的飞跃，而且是全面建成小康社会的需要，是提高社会科技水平的需要，是提升社会活力与就业率的需要。

第一，创业有利于缓解和解决就业问题。现代经济是以现代化、高科技为主导，新兴产业迅速发展和竞争激烈的经济，中小企业会随着社会需求的日益多样化而快速增加。在这样的大环境下，创业就成为解决就业问题的一种行之有效的办法，对缓解整个社会的就业压力起到一定作用。

第二，创业鼓励竞争，有利于社会资源更加合理地配置。从行业发展角度来讲，新创办企业的加入和成功，会使行业竞争加剧，造成优胜劣汰的局面。竞争的加剧有利于经营良好的企业脱颖而出，从而有利于有限的社会资源得到合理配置，促进市场经济的快速发展。

第三，创业伴随着创新，有利于推动科学技术的进步和社会生产力的发展。提高企业竞争力的关键之一就是技术创新，而创业往往伴随着创新。新技术、新方法对社会科技水平的提高有着不可替代的作用，社会的发展也因创新企业的成功而被注入了新的活力。

身边的故事

创业梦想的实现

李文在商贸职业学校就读时曾立下志向——运用所学知识遨游商海，干出一番事业来。走出校门的李文先后从事过酒店服务、专卖店营销、电脑公司业务员等工作。他边工作边学习，为实现心中的创业梦想做着准备。工作后的第三年，李文到交通运输部下属的一个汽车检测设备计量检定站工作。虽然他干得不错，得到了师傅和领导的认可，但他觉得这终归是为别人打工。

一天，他在网上看到一则保姆虐待老人的新闻，在跟帖中，很多网友说：现在找一个放心的保姆可真是不容易呀。这则消息给了李文灵感，他想，如果开发一个类似淘宝网的 App，保姆求职者可以在这个平台上发布信息，雇主可以对保姆进行点评，登录该平台的人都可以看到求职者的信息和雇主的点评，这样就可以为大家提供优质的保姆服务了。经过一番调研，李文逐渐形成了开发“放心保姆”App 的思路，于是，他和几个朋友合伙开办了一家公司。公司运营得不错，半年后初见成效，赚了 20 万元，同时还解决了 30 人的就业问题。

回想起自己的创业历程，如今已经是两家公司总经理的李文很欣慰：“我走的是自己选择的职业生涯发展道路，我在为自己的事业拼搏。”李文计划明年还要进一步拓展他的事业。

▶ **思考：李文的创业，于人于己都有什么重要意义？**

二、成功须有才——创业者应具备的素质和能力

创业能否取得成功受到创业者的内在因素和环境等外在因素的影响。不过，创业环境作为外因，归根到底还是要通过创业者自身的内因起作用，所以，真正起决定性作用的是创业者的创业意识、综合素质和应用能力等内在因素。

创业意识

创业意识是创业成功的前提，是创业素质的重要组成部分，因为它支配着人们要创业的态度和行动力度。如果没有强烈的创业意识，就很难克服创业道路上的重重困难。成功往往属于有准备的人，创业的成功是思想上长期准备的结果，属于有创业意识的人。

创业意识主要包括以下几个方面：

一是创业动机。创业是一个艰难的过程，也是一项具有挑战性的工作。创业者在创业的过程中必然会遇到数不尽的困难，若没有强烈的创业动机，就没有对事业执着追求的精神，也就不会有创业的激情和热情，创业的梦想只能是昙花一现，最终的结果只能是放弃。有强烈的创业动机，才能有执着的努力，才能不畏艰难，取得创业成功。

> 人生道路上的成功，是用毅力换来的成绩，成功者用毅力常常能书写出动人的胜利传奇。

二是风险意识。创业是有风险的，开始创业的时候不能保证最后一定会成功。因此，若要成为成功的创业者，就必须要有风险意识。当然，为了提高创业的成功率，创业者需要进行全面的思考、正确的筹划和细致的准备。

思维广角

哪里有水呢？

一个挖井人，在一个地方挖了很久都没有挖出水来，他以为选错了地方，于是换一个地方继续挖，结果还是没有成功。实际上，他已经接近成功了，只要再挖几下就可以挖到水，但是他放弃了，很可惜。在我们身边，这样的事情几乎每天都在发生着。缺乏执着的精神人，往往最终会与成功擦肩而过。创业与挖井相似，只有经过不懈的努力才能取得成功。

这下面没有水，再换个地方挖！

▶ **思考：挖井人的故事给我们带来了什么启发？**

三是责任观念。创业是我们为自己开创的有前途的事业，既然存在风险，就有可能要付出一定的代价。因此，我们要有责任观念。

此外，创业者还应当有吃苦耐劳、不怕挫折和敢于尝试的精神。

综合素质

创业是一种开拓性的工作，对中职生来说，更是一个全新的领域。要想成为一名成功的创业者，必须具备以下素质：

一是专业技术知识。内行创业会事半功倍。有创业意向的学生要努力学好专业课程，同时目标明确地选修相关专业的课程，有意识地捕捉与创业有关的信息。此外，还可以利用假期到企业进行亲身体验，在实践中锻炼自己。

> 每个人都是一座山，世上最难攀越的山其实是自己。往上走，即便一小步，也有新高度。做最好的自己，我能。
>
> ——王石

二是经济、法律与政策知识。国家针对社会经济活动制定了大量的法律、法规，出台了许多方针、政策，这有利于规范社会经济行为，为企业提供公平竞争的环境。创业者必须具备有关的法律知识，为自己的创业提供有效保护。

三是经营管理知识。创业者必须掌握一定的企业经营与管理知识。具体来说，这些知识包括需要什么样的技术和人才、需要多少资金，还包括在企业注册和经营活动中应当掌握和运用的产品质量、安全生产、环境保护、劳动合同等知识和法律、法规等。

四是创新思维。创业是一个发现机会、捕捉落实、创造出新产品、提供新服务、开拓新市场的过程。创业者若要获得成功，应开动脑筋，勇于探索，不拘泥于现成的东西，从不同的角度看问题、想问题，走别人没有走过的路。创新是创业者成功的法宝。

思维广角

我也能做到

有一个著名的营销故事——“把梳子卖给和尚”。乍听起来，这似乎是不可思议的，仔细想想，其实是可以做到的。全班同学分成几组，尝试做一个“把冰箱卖给居住在北极的因纽特人”或“把羽绒服卖给居住在赤道附近的非洲人”的创意营销方案。各组派代表介绍自己的方案，并评选出最有创意的方案。

▶ **思考：这个活动对你有什么启发？你认为应该如何培养和激发创新思维？**

五是眼界和悟性。这体现在创业者对市场的判断和经营策略的选择上，主要解决企业的市场定位是什么、生产经营的具体产品或服务是什么的问题。善于学习，勤于实践，对社会多加观察，对市场进行多角度的思考，有利于开拓创业者的眼界和提高创业者的悟性。

超链接

认识企业家精神

近年来，习近平总书记在讲话中多次提到“企业家精神”“企业家作用”“企业家才能”等关键词，反映出他对企业家群体的高度重视。

2017年9月25日，中共中央首次发文明确“企业家精神”的地位和价值，在《中共中央国务院关于营造企业家健康成长环境弘扬优秀企业家精神更好发挥企业家作用的意见》中提炼、总结出了中国企业家精神；随后新华社撰文《让企业家在复兴伟业中发挥更大作用》。这对于正在迈向中华民族伟大复兴道路的当代中国来说，具有划时代的意义。

当代中国的企业家精神，有着三个极其重要的特征：第一，创新是企业家精神的鲜活体现；第二，工匠精神是企业家精神的不变本色；第三，执着敬业是企业家精神的重要内核。

企业家精神与创新创业本来就是一对“孪生兄弟”——很多人生来就具有创新的

"基因"，一旦条件具备，个人身上的企业家精神就可能爆发。我们身处的时代恰恰为个人提供了创新、创业、创造的沃土和氛围。

应用能力

创业者需要具备较强的应用能力。应用能力主要包括如下几个方面：

一是学习能力。创业者必须具备一定的学习能力，通过学习创业知识，如法律知识、财务知识、市场知识等来完善自己的知识结构，以利于做出正确决策。此外，还应当有学习行业知识与技术知识的能力。

二是实践能力。创业过程是创业者将创业计划付诸实践的过程。在这一过程中，需要创业者具备一定的实践能力，不能眼高手低。中职生要通过有针对性的实践，从参加实习和各种活动入手，逐渐提高自身的实践能力。

三是管理能力。一般来说，管理能力包括计划能力、组织能力、领导能力、控制能力和协调能力等。创业者有效地运用管理技巧来增加对企业的掌控是必需的。另外，管理能力也不仅仅局限于对企业的管理，还包括对自身的管理。所以，提升管理能力，可以避免成为一个失败的创业者。

四是协作能力。对创业者来说，要想创业成功，需要具备很强的协作能力，主要包括人际交往能力、谈判和营销能力、协调能力、团队合作能力等。光靠"单打独斗"，不仅无法创业，在职场上也寸步难行。

五是服务能力。要想在当今激烈的竞争中脱颖而出，就必须树立以客户为导向的服务意识，具备并不断提升自己的服务能力，以优质的服务吸引客户，获得竞争优势。

> 企业的成功靠团队，而不是靠个人。
> ——罗伯特·凯利

填一填

通过填写下表，找出自己所具有的素质和能力与创业者之间的差距，并制定提高的措施。

创业者的素质和能力		我已具备	我需完善	提高的措施
创业意识	创业动机			
	风险意识			
	责任观念			

续表

创业者的素质和能力		我已具备	我需完善	提高的措施
综合素质	专业技术知识			
	经济、法律与政策知识			
	经营管理知识			
	创新思维			
	眼界和悟性			
应用能力	学习能力			
	实践能力			
	管理能力			
	协作能力			
	服务能力			

三、寸有所长——中职生创业的优势

创业是一种主动性的就业方式，为了鼓励创业，国家和各地政府相继出台了相当多的优惠政策。对于中职生来说，走创业之路具有独特的优势。近几年来，中职生依靠自身优势创业成功的事例不胜枚举，他们在为社会做出贡献的同时也实现了自己的人生价值。

青春是人生最美好的时光，把握好这段时光就是成功的第一步。

年龄优势

中职生在毕业时还不到20岁，年轻就有梦想，年轻就有未来。年轻人思考问题和做事情可能不成熟，但最容易产生创业激情和创新思想。人们常说，年轻不怕失败。因为年轻，未来的职业生涯道路还很长，对创业道路上的挫折承受力就强；因为年轻，精力充沛，乐于接受新事物，当今的信息时代给了年轻人获取最新信息的良好条件。

专业技能

中等职业学校不仅向学生传授专业知识，还十分重视专业技能的培养。中职生在校期间接受了系统的专业知识和职业技能培训，毕业时就具备了一技之长。中职生的专业方向明确、具体，学习的课程既有专业性又面向某一职业群，就业的指向性强；同时，中职生的专业学习具有实践性，强调操作，上岗即可熟练操作。专业知识与技能对中职生寻找创业项目、设计创业计划、实施创业活动、评估创业成效都很有帮助。

实践经历

学校组织的社会实践、实训、实习等活动，为中职生更广泛地了解企业运作提供了条件；同时，中职生还应利用社团活动和寒暑期的社会实践，提高自己的组织能力、协调能力。

中职生到企业实习过，用专业知识、技艺与眼光去接触社会、思考问题，可能会比别人更快地发现可供创业的好商机。

议一议

进行小组讨论，谈谈学校为我们安排了哪些实习、实践活动，有什么效果，再谈谈还有哪些活动可以丰富我们的实践经验。

社会帮助

目前，国家大力提倡在中等职业学校中开展创业教育。为了鼓励中职生创业，国家还提供了相关创业资源，尤其是政策上的支持。不仅如此，学校老师及家长也能为中职生创业提供技术、资金、信息、设备、人脉等资源，并出谋划策。

超链接

中职毕业生加入创业大军

上海某职业学校学生小朱毕业了，升学考试的失利让他在家待业。对前途充满困惑的小朱想到了在校期间学习过的创业课程和参加过的创业实践，他毅然走进了网络经营的圈子，每天在无声的网络天地里耕耘。经过不懈努力，小朱换来了顾客的信任和认可，也换来了较高的业绩和知名度。短短几个月的时间，小朱的淘宝小店的信誉已经达到五颗钻了。

目前，热衷于创业的中职毕业生越来越多，总体来看，中职毕业生的创业项目集中于服务业，因为这一行业成本低、风险小，且回报期短，很快就能盈利。凭借在学校学习到的知识和技能，中职毕业生们能够很好地利用专业技术和网络等资源，使得创业的成功率不断提高。

现在，很多中职学校开设了就业与创业指导课程，建立了校内创业教育基地、创业实践平台，并定期举办中职生创业大赛等活动。通过在校创业课程的学习和实践，学生们了解了企业家精神和经营管理的相关知识，在亲身创业的学习实践中领悟到了创新意识、吃苦精神和诚信理念的真正内涵。

填一填

结合你所学习的专业初步设计一个创业项目，然后填写下表，寻找自己可获取创业资源的途径。

我的专业			拟创业项目				
获取途径	技术资源	人脉资源	政策资源	资金、设备等资源	市场资源	信息资源	……

四、编织理想——在校期间的创业准备

中职生若要创业、尽早地实现创业，在校期间就要了解创业的各种知识，提前做好相应的准备。

熟悉创业流程

熟悉创业流程是进行创业活动的基础。创业的基本流程包括进行市场调查、分析经营环境、确定具体目标、准备创业条件、进行企业登记、开始生产经营等。我们要了解每个环节的具体操作办法，以便在创业过程中顺利地实施，提高创业活动的效率。

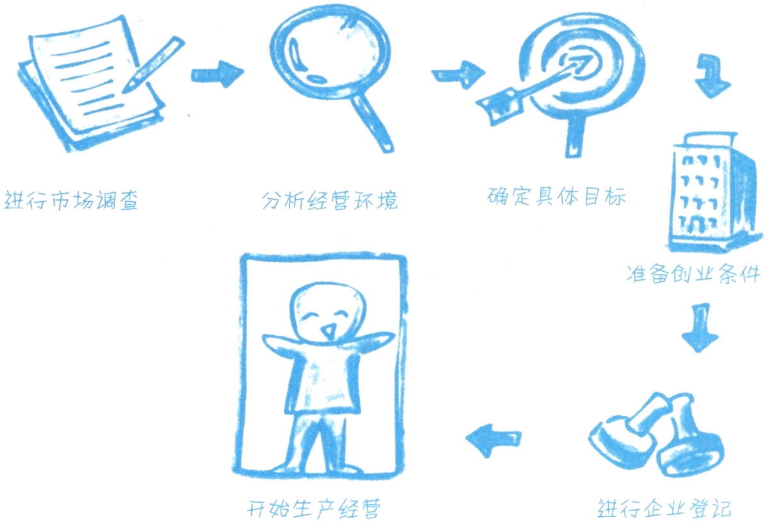

了解市场行情

了解市场行情，就是要了解拟创业项目所在行业的经营管理特点、顾客需求的特点、原材料和人力资源等的供给渠道、竞争对手的情况、行业的发展趋势等。进一步来说，还应当了解企业运作过程中需要与哪些企业、哪些单位打交道，并思考怎样打交道。了解市场行情，既为今后创业做了铺垫，又是自己学习知识、提高能力的重要过程，是我们在校期间为未来创业做准备的重要内容。

为了了解市场行情，我们要做有心人，充分利用专业学习、实习、社会实践等各种机会，或者通过网络等媒体收集相关信息，同时有目的、有意识地到相关企业顶岗实习，学习和摸索企业运作经验。

超链接

李克强总理在2020年全国大众创业万众创新活动周上发表了重要讲话。他强调，创业创新是国家赢得未来的基础和关键。要尽心支持每一次创业，悉心呵护每一个创新。

如果你想要创业，可以先了解一下我国在创业方面的最新政策：

1. 对创业毕业生普遍提供创办企业、经营管理等培训，增设信息技术、现代农业等领域课程。

2. 推荐适合发挥毕业生专长的创业项目，提供咨询辅导、跟踪扶持、成果转化等“一条龙”服务。

3. 优先安排经营场所，政府投资开发的各类创业载体安排一定比例场地，免费向毕业生提供，充分利用闲置资源提供低成本场地支持。

4. 加强创业资金保障，落实创业担保贷款、创业补贴等政策。

▶ 查一查：你所在的地区出台了哪些支持创业者的具体政策？

积累人脉资源

每个企业的经济活动都有“上家”和“下家”，大家都处于一个庞大的社会系统之中。我们在中职学校学习的过程中，要有意识地与相关的组织接触，并与它们建立起联系；同时，还要注意维护师生、朋友、家人、亲戚关系，这不仅可以加深双方的情感与友谊，也可为今后的创业积累人脉资源。

有人说："一个人能否成功，不在于你知道什么（what you know），而在于你认识谁（whom you know）。"卡耐基培训学校负责人指出，这句话并不是教人忽略学习专业知识，而是强调人脉是通往成功的重要条件。

构思创业方案

我们在中职学校学习期间就可以开始考虑未来的创业，结合自己的职业生涯发展总体方向，对市场进行了解，思考创业的方向和具体方案。在构思创业方案时，具体内容主要有：自己未来创办的企业将为社会提供什么产品或服务？未来的顾客应当是哪些人？这可以帮助我们在开始经营企业前就能够明确自己的细分化产品和目标市场。

在构思创业方案时，要注意小而精，不要贪大求全，要本着"他人不做，我做；他人没有，我有；他人做不到，我做得到"的思路去设计。创业方案的策划，还要本着既积极大胆又务实稳妥的原则来进行。

人无我有，人有我多，
人多我好，人好我新。

思维广角

蓝天陶艺厅校园创业计划书

蓝天陶艺厅是由某市职业学校学生主办、学生管理的一家校园模拟创业公司。

1．市场定位

蓝天陶艺厅在校园里主要经营瓶、罐、杯、碟等各种陶艺产品的艺术设计、制作加工、陈设销售，并且承接有关的培训指导业务。蓝天陶艺厅还提供DIY个性服务，可以让顾客尽情发挥设计才能，制作独一无二的个性化产品，以满足现代青年追求艺术实践和对个性化生活用品的需求。

2．创业环境分析

S（strength）——优势。广告语是"我这款是最新的""我是艺术家"。产品制作过程全程透明，广大师生随时可以来观看各式产品的设计和制作全过程，使光顾蓝天陶艺厅的同学和其他顾客获得个性化产品的制作和指导服务，这会非常吸引年轻人。

W（weakness）——劣势。经验不足是蓝天陶艺厅最大的劣势，尤其是在原料采购、财务管理、产品烧制方面没有经验。

O（opportunity）——机会。国家大力扶持职业学校的实训基地建设，这给学生创建陶艺厅带来了更多的机会和可能。蓝天陶艺厅的主要参与群体是正值青春期、爱动手和对新鲜事物十分好奇的在校中职生。

T (threat) ——威胁。蓝天陶艺厅的营业时间主要集中在下午 4 点至 5 点和 7 点以后，这时一些同学已放学回家了，潜在顾客数量受到影响。校园内的纪念品门市部以及其他手工艺品经销点是其主要竞争对手。

3. 拟订方案

具体内容包括:（1）产品设计;（2）资金来源;（3）人员分工;（4）设备技术;（5）经营场地;（6）销售渠道;（7）经营效益。

4. 项目可行性分析

首先，结合学校所设专业对学生的喜好进行了调查，发现许多应用美术专业的学生追求新款产品，愿意自己设计，喜欢动手制作。

其次，通过对非应用美术专业师生进行问卷调查，了解到广大师生对 DIY 产品有浓厚的兴趣。

最后，分析这个项目存在的潜在风险，并提出解决办法，以应对各种变化。

5. 调整实施

拟从应用美术班学生和文秘班学生中组织 15 人作为蓝天陶艺厅的员工，每人出资 300 元，并从学校创业贷款办公室贷款 5 000 元，作为项目启动资金。任命主管 1 人，原料采购人员 1 人，产品设计人员和 DIY 指导人员 5 人，会计人员 1 人，生产人员 6 人，卫生人员 1 人。

▶ 思考：这份创业计划书的优点有哪些，不足有哪些？应怎样进行修改和调整？

着手准备创业

有了明确的产品和目标市场后，就要进一步了解具体的经营管理环节，筹措资金，寻找场地，聘用人才，培训员工，组织进货，等等。创业必须有前期的经济投入，要想办法筹集资金。取得创业资金的主要途径有家庭出资、亲友的经济支持（或帮助）、政府的创业贷款、社会的资助等。

进行创业体验

创业是一个亲身经历的实践过程，中职生只有亲身体验了，才能有深刻的了解和感悟。在学校读书期间，中职生也可以进行创业体验，这时的创业体验能为中职生未来真正的创业积累经验并引发中职生思考创业中可能遇到的困难和问题。

进行创业体验时，可以采取模拟创业或者体验式创业的形式。模拟创业，即由同学们合作建立模拟企业，并模拟经营。体验式创业，即利用学校的环境和条件，进行小规模创业的尝试，如在校园内外开设小花店、小影楼、小书摊、糕点屋、复印社、洗车房等。进行体验式创业应争取得到学校和老师的支持与指导。如果结合自己的专业进行创业体验，对于学习创业和理解专业知识都很有益处。

要想知道梨子的滋味，就要亲口尝一尝。

超链接

创业模式一：网络创业

网络创业具有传统创业不具有的优势，不但可以利用现成的网络资源，而且门槛低、成本低、风险小、方式灵活，特别适合初涉商海的创业者。例如，易趣、阿里巴巴、淘宝网等知名商务网站都有较完善的交易系统、交易规则、支付方式和成熟的客户群。在互联网上注册设立网络商店是比较适合中职生创业的一个渠道。

创业模式二：加盟创业

加盟创业很普遍，典型代表是成都小吃、阿呀呀、酷啦啦等。加盟创业的好处与最大特点是利益共享、风险共担。创业者只需支付一定的加盟费，就能借用加盟商的金字招牌，并得到专业指导和配套服务，创业风险有所降低。对于中职生来讲，这也是一种比较适合的创业选择。但是，创业者在加盟时要注意选择有信誉的加盟商，小心加盟商“跑路”、倒闭。

创业模式三：寄生式创业

寄生式创业也称“借鸡下蛋式”创业。这种模式很普遍，其形式为在别人已经开张的公司或店铺中插入自己的创业项目。如在小区的菜店中开设一个主食窗口；在超市里设置一个维修手机的柜台；在学校附近经营休闲食品的店铺中开一个小花店等。这种创业模式的好处是自己与他人互为补充，可多方面吸引顾客，充分利用门面空间，相对降低门面租金，不需要另外开拓消费群体，从而降低投资风险。

学以致用

[课堂活动]

活动 1：创业演讲五分钟：创业我能行

创业素质和技能是每一位成功创业者必备的素质，加深学生对创新、创业理念的理解，增强学生的创新意识，提高学生的创业意识，为学生今后的职业发展打下良好的基础。

活动 2：商业模式分析

以小组形式寻找生活中的成功商业模式，通过分析找到这些商业模式成功的原因。

活动 3：创业案例带给我们的思考

众多的创业案例，无论成功与否，都会给我们带来思考，以小组或个人发言的形式，结合所学知识，探讨创业案例带给了我们哪些思考。

[课外拓展]

项目名称：创业方案大比拼

项目设计：提出一项具有市场前景的产品或服务，完成一份把产品或服务推向市场的完整、具体、可行的商业计划。要求既项目设计符合实际，又以市场需求、创新创意、效益收益和可行性为主要标准，按照企业运营模式提出较明确的战略目标和可持续经营战略。严禁抄袭他人成果。

参赛方式：组建创业团队，以递交创业计划书的方式参赛。创业团队主要分为小组团队和个人团队，在递交创业文案时应注明团队类型。

[思考职业与人生]

1. 创业者需要具备哪些素质和能力？
2. 如果你选择了创业，你有哪些素质、优势和能够挖掘的资源？

模块五

职业生涯规划管理与调整

第十二课　管理规划，夯实终身发展的基础

第十三课　调整规划，适应发展条件变化

第十四课　科学评价职业生涯发展

第十二课 管理规划，夯实终身发展的基础

成功的规划不等于规划的成功，职业生涯规划的管理对实现职业理想有着更为重要的意义。本课主要阐述职业生涯规划管理的方法及必要性。作为中职生，如何科学管理规划，将规划落实到行动中，为未来的职业发展奠定基础，是本课重点学习和探究的内容。

案例导入

小丽的困惑

小丽升入中职一年级了，在学校开设的职业生涯规划课上，她被职业生涯规划老师风趣幽默的讲课风格深深吸引。通过老师的讲解，她认识到在中职阶段就制定好自己的职业生涯规划是十分必要的。她认真听讲，积极规划，很快制定了一份职业生涯规划书，连老师都夸奖小丽做得很全面，目标具体，措施可行，在课堂上对小丽进行了表扬。

一学期的职业生涯规划课程结束了，小丽却有些困惑，接下来她应当怎样用职业生涯规划书指导自己的学习和生活呢？带着困惑她升入了二年级，这一年正如小丽在做职业生涯规划时预见的那样，有很多专业课要学习，小丽为自己定的目标是参加国家级技能大赛并获得奖项，成为本专业的技能高手，专业课平均分高于 90 分。学期期末小丽却发现自己并没有实现这些目标，原因是她虽然制定了可行性很强的措施，可是在实施的过程中，她总会因为这样或者那样的事情而搁置，总觉得以后做也来得及。由于小丽的拖延，没有及时对规划进行管理，她没能实现自己的目标。她沮丧地想，这些“小目标”都没有实现，那些远大的职业理想就更不可能实现了。

1. 小丽的困惑是什么？你也有相同的困惑吗？
2. 小丽在中职二年级没有实现自己的目标，是什么原因造成的呢？
3. 她应当如何管理自己的职业生涯规划呢？请你给小丽一些建议。

一、知行合一——认真执行职业生涯规划的各项措施

要想职业生涯规划能够实现，必须对其进行管理，也就是在认识自己、分析环境状况的基础上，根据实际需要对规划进行调整和修正，争取最大的发展机会去实现自己的职业生涯目标。在职业生涯规划管理过程中，夯实发展基础，认真执行职业生涯规划的各项措施，是职业生涯规划成功的重要保证。

按照目标规范自己的行为

> 要达成伟大的成就，最重要的秘诀在于确定你的目标，然后开始干，采取行动，朝着目标前进。
>
> ——博恩·崔西

职业生涯发展的历程好似攀登一座陡峭的高山，虽然我们有了明确的目标和比较充分的准备，但是仍然会遇到各种问题和障碍。在艰难险阻面前，有人成功了，有人失败了，有人偏离了方向，也有人中途放弃了自己的目标。产生这些不同结果的关键原因在于个人是否严格按照职业生涯规划的目标来规范自己的行为。

按照目标规范自己的行为，要做到以下几点：

第一，对实现目标坚信不疑。在向目标奋进的过程中，遇到障碍与困难是必然的，这些障碍有的来自外部环境，也有的源于自身，要敢于对外部干扰说“不”，要对目标坚信不疑，不轻言放弃，要坚持计划的执行。

第二，要落实到努力行动上。实现目标的过程，是一个高强度、高效率的工作过程，你要比别人付出更多。当别人在睡觉、聊天、玩游戏的时候，要耐住性子执行自己的计划，不要试图给自己的懒惰或拖延找任何借口。否则，每退缩一步就意味着离目标更远一步。

> 时间就像海绵里的水，只要愿挤，总还是有的。
>
> ——鲁迅

第三，加强时间管理的计划性。时间对待每个人都是公平的，要想实现目标，就必须守时惜时，预先考虑好事情的轻重缓急，使有限的时间得到充分利用，提高时间的利用率。

身边的故事

晓莹的行动

晓莹是某中职学校学前教育专业的一名学生。她从小羡慕讲台上的老师，于是她给自己确定了未来的职业发展目标：做一名优秀的幼儿教师。通过对专业的了解，晓莹知道：幼教行业对于从业者在音乐、美术、幼儿心理学、礼仪、沟通能力等方面有很高的要求。在课堂上，晓莹认真听讲、刻苦训练，根据老师的要求认真完成作业。在课下，晓莹利用空闲时间，积极到幼儿园或幼教机构做兼职。为了提高自己的沟通能力，晓莹还参加了校学生会干部的竞选，担任文体部干事，协助文体部部长组织学校的各项文体活动。

经过两年的学习和锻炼，晓莹已经成为一名品学兼优的学前教育专业的学生，经常代表学校参加省、市中职学前教育专业技能竞赛和专业课赛讲活动。她的成绩得到了老师和同学们的认可。晓莹很高兴，她觉得离自己的职业发展目标又近了一步。

▶ 思考：

1. 晓莹为了实现自己的职业发展目标采取了哪些卓有成效的行动？
2. 你觉得她能实现自己的职业发展目标吗？

按照计划落实每一步行动

人生发展总目标的实现是由许多个“一步”组成的，职业生涯规划的落实也是如此。对于中职生而言，在确定了职业生涯目标后，行动便成了关键的环节。只有行动才能够填平梦想与现实之间的沟壑，只有在行动中才能捕捉到成功的机会，一切结果都是行动的积累。

很多时候人们制订了计划却在行动中难以坚持到底。如何让自己的计划更好地落实到行动上呢？除了需要持之以恒的毅力和坚如磐石的决心之外，还可以采取以下方法：

第一，请他人监督。向家人、同学、朋友公示自己的计划，请他人监督自己的计划的执行情况，给自己一点压力。有一个计划监督者，有利于计划的完成。

第二，记录计划的进展情况。在完成计划的过程中，最好每天都记录计划的执行情况，一方面每天的进展成果清晰可见，不易心生放弃之念；另一方面还有利于找出自己未完成计划的原因，不断提醒自己严格执行计划。

超链接

提高计划执行实效的方法

1. 日记法。通过写日记来检查计划的完成情况。每天睡觉之前，对计划的完成情况和计划执行中存在的问题进行反思并记录下来，根据检查情况，调整计划，改变不科学、不合理的地方。

2. 图表法。可以制作一个计划检查表，把什么时间完成什么任务列成表格。每完成一项任务，就在表格上打上“√”。随着计划的执行，可以在图表上直观地看到自己完成计划的成绩，增强自己实现目标的信心和成就感。

> 行动的秘诀，就在于把那些庞杂或棘手的任务，划分成一个个简单的小任务，然后从第一个开始下手。
>
> ——马克·吐温

▶ **思考：**

1. **你认为上述哪种方法比较适合你？请你选择一种方法试一试。**
2. **还有其他提高计划执行实效的好方法吗？请你说一说。**

第三，为自己的每一次进步喝彩。当自己完成了每天的任务或者实现了一个小目标时，可以适当地奖励自己一次，这是对自己努力成果的一种肯定，可以增强自信心，增强对自我的把控能力，在一次次微小的成功中，逐步实现自己的目标。

身边的故事

如何落实计划呢？

张杰是一所中职学校旅游服务与管理专业的学生，主修英语导游方向。为了能在毕业前顺利考取中英文导游资格证，将来顺利就业，他为自己制订了翔实的学习计划和实施措施，如：每天背 50 个英语单词和 1 段中英文景点介绍，每月做 1 套导游资格证模拟考试题等。计划制订得很详细，可是实施了才几天，他就发现很难坚持下去。因为学校的集体活动很多，加之自己没有合理安排时间，眼看半个月过去了，计划还只是计划，没有什么进展。张杰很着急：怎样才能管住自己，让自己的计划真正落实并持之以恒呢？

▶ **思考：**

1. **张杰应该如何管理自己，严格按照制订的计划执行呢？**
2. **请提出落实计划的具体建议。**

二、防患于未然——定期检查职业生涯规划执行实效

在执行职业生涯规划的过程中，定期对执行情况进行检查，可以审视计划执行的得失，明确自己制订的计划是否科学、合理、可行。

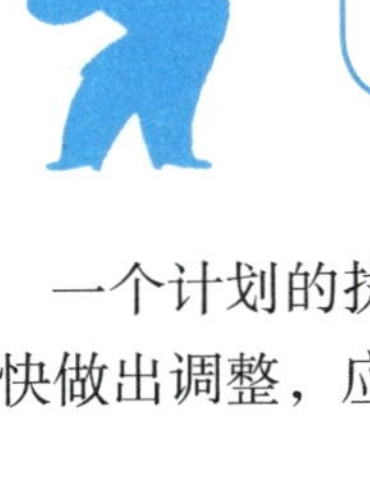

成功的万能公式

明确目标 + 详细计划 + 付诸行动 + 检查修正 + 坚持到底 = 成功

一个计划的执行一般都会持续一段时间，为了及时发现执行中存在的问题，以便尽快做出调整，应当定期检查计划的执行效果，不能等到最后阶段再来总结。

定期检查的内容

定期检查的内容主要有：是否按照时间进度进行？计划的任务是否完成？是否达到预期效果？执行环节是否存在问题？没有完成计划的原因是什么？是否需要调整与完善？等等。通过检查，可以发现不足之处，及时查找原因，进行必要的调整，同时激励自己更加自觉、严格地执行计划。

身边的故事

她错在什么地方？

郑丽从一所财贸学校毕业后，进入一家私营企业做出纳。大家对郑丽的评价是聪明、漂亮、能干，郑丽对自己的能力也很自信，觉得自己在职场中一定能做出一番成绩，实现人生的价值。不料一段时间后，公司的同事大多对她表示出不满，使得她最后不得不跳槽。更令人意想不到的是，在一年内她换了三份工作。

郑丽总是以为像她这样才貌双全的女孩子只要干好自己的事就行了，用不着过多地考虑人际关系，也无须与同事沟通，更不用考虑工作方法与策略。结果，她工作过的几家公司的同事都认为她狂妄、自满、目中无人……她的“饭碗”也因此一次次被打碎。

▶ 思考：

1. **郑丽在职场中的做法错在哪里？**
2. **假如你是郑丽，你会怎样定期检查自己的职业规划？**

定期检查的方法

人往往是有惰性的，尤其是事情一多，计划就容易被搁置。所以，为了防患于未然，就必须对职业生涯规划的执行实效进行定期检查。进行定期检查要掌握方法，否则便起不到督促的作用。

首先，要对计划的执行情况进行检查，确定哪些目标已按计划完成，哪些目标未完成。

其次，对未完成的目标要进行分析，找出未完成的原因及障碍，制定相应的解决障碍的对策及方法。

最后，依据评估结果对下一年的计划进行修订。如果有必要，还可考虑对职业目标和路线进行修正。具体可运用“周检查、月检查、年检查”的方法，一步步检查，一步步落实。

身边的故事

王艳的进步

王艳是某中职学校商务德语专业的毕业生，现在在一家合资公司做翻译，同时考取了某著名大学的成人本科，利用业余时间学习本科课程。下表是她从中职学校毕业时设计的职业生涯规划与措施检查表，她一直定期进行检查与修正。

职业生涯规划与措施检查表

目标	具体计划	具体措施	起止时间	考核指标	目标完成情况
短期目标	进入德资企业工作	利用自己的学习经历，不计薪水高低，抓住工作机会	2018.7—2019.12	顺利找到工作	√
	学习德语 B1 级	在工作中提升德语水平，利用业余时间进修	2018.7—2019.12	考取德语 B1 级证书	√
	学习办公自动化	利用业余时间进修	2018.7—2019.12	考取办公自动化证书	√
中期目标	做德语翻译或办公室文员	德语读写达到一定水平，熟练掌握办公自动化操作	2020.1—2021.12	顺利找到工作	做德语翻译
	报考成人本科并入学	参加成人高考	2020.7—2021.7	本科入学	准备报名事宜
	学习德语 B2 级	利用业余时间进修	2020.7—2021.12	考取德语 B2 级证书	进行中
长期目标	职位获得提升	努力工作，团结同事，得到领导肯定	2022.1—2025.12	成为部门经理	
	学习“企业管理”课程	利用业余时间进修	2022.1—2025.12	通过考试	
	学习“领导的艺术”课程	利用业余时间进修	2023.1—2024.12	通过考试	
	学习“管理与沟通”课程	利用业余时间进修	2023.1—2024.12	通过考试	

▶ **思考：**

1. **王艳设计的职业生涯规划与措施检查表有何优点？还有哪些地方需要改进？**
2. **王艳对职业生涯规划和措施的定期检查与她的职业生涯发展有何关系？**

三、学无止境——珍惜在校生活，奠定发展基础

学生时期是人的一生中奠定基础的黄金时期。我们在校期间的学习生活，不仅是在为即将开始的职业生涯做准备，而且也是在为自己的终身学习和职业进步奠定发展基础。

珍惜宝贵的在校期

学校为我们做好职业准备提供了良好的机会和环境，使我们能集中精力学习理论知识和专业技能。那么我们在校期间应该如何珍惜宝贵的学习机会呢？

第一，努力学好文化知识和专业技能。在校生活是学习基础理论知识，学会思考和解决问题的方式，学好专业知识、提高专业技能的好机会。要明确学习目标，利用好难得的学习环境，为未来打好基础。

> 少壮不努力，
> 老大徒伤悲。

第二，积极参加技能竞赛，提升职业素养。参加各级各类职业技能竞赛是提升专业技能水平和职业素养的有效途径。通过参赛，可以更好地展示自我，传承技术技能，弘扬工匠精神。同时，要勤学苦练，努力取得相关职业技能证书，为自己顺利就业做好铺垫。

第三，通过参加校园文化活动和社会实践活动提升职业素质。无论是社团活动、演讲比赛等校园文化活动，还是社会调查、顶岗实习、社区服务等社会实践活动，都是中职生相互交流的平台，都能使中职生的语言表达能力、交流沟通能力、团队合作能力、组织能力等得到培养和提升。

身边的故事

做服装设计要先会踩缝纫机

小陈毕业于杭州服装职业学校，现经营着一家服装公司。他曾获得“大连杯”中国青年时装设计大赛银奖、中国服装设计师协会“服装设计大赛最高奖”提名和“杭州市十大服装设计师”等荣誉。

小陈说，至今他还记得当时在学校里学的服装设计专业课的内容。一方面是美术类课程，这对于原本就有绘画基础的他来说并不算什么；另一方面是工艺类课程，其实学的就是裁剪和缝纫这类基本技能，就差没教怎么缝纽扣了。当时他觉得

这样的课程非常无聊，认为自己是来学设计的，可学校却只教“踩缝纫机”。不过工作后小陈才真正体会到当初学习这些基本功的重要性。

小陈在校期间学习了不少设计知识，加上原来的绘画功底，使他对自己设计的作品非常有信心。他现在的最大感触就是，幸好当年在学校里老师教了最基本的工艺技术，才能够让他把自己的设计转化为现实。

▶ **思考：**

1. **小陈的故事对你有什么启示？**
2. **我们在校期间应该怎样为未来打好基础？**

树立可持续发展理念

在知识经济时代，科学技术加速发展，知识积累呈指数级增长，我们掌握的知识与技能，很可能在几年之内就老化或者落后。只有做好终身学习的准备，才能跟上时代前进的步伐，使职业生涯的可持续发展及个性化发展成为可能。

终身学习是指社会每个成员为适应社会发展和实现个体发展的需要，贯穿于人的一生的持续的学习过程。终身学习既是个人可持续发展的要求，也是社会发展的必然要求。中职生不仅要树立终身学习的理念，而且要积极拓展自己的学习领域，不断提升专业技能。

超链接

终身学习不可少

联合国教科文组织指出：终身学习是指每一个人在一生中要持续不断地学习。它始于生命之初，持续到生命之末，即从摇篮到坟墓，一辈子持续不断。

终身学习对我们有以下益处：能使我们克服工作中的困难，解决工作中遇到的新问题；能满足我们生存和发展的需要；能使我们获得更大的发展空间，更好地实现自身价值；能充实我们的精神生活，不断提高我们的生活品质。

终身学习的方式和具体内容如下表所示：

终身学习的方式	具体内容
自学	自学必须有明确的目标，对“学什么”要认真选择
	学习内容应围绕职业生涯规划中的阶段需要进行选择，做到针对性强、学以致用
	自学需要有比较强的自我控制能力。在工作环境中，要有坚定的信念和坚强的毅力，要持之以恒
求学	求学应围绕自己的职业生涯规划来安排
	通过升学，取得高一级的学历，以提高自己职业生涯的起点
互学	互学就是向他人学习。要寻找互学的时机和对象
技能培训	参加各种知识型和技能型的短期培训
社会实践	在社会实践活动中不仅可以学知识、练技能，而且可以提高自身的素质与能力

要想在终身学习方面有所收获，必须做到以下几点：

> 一个人如果不使自己的知识和技能不断更新，那他就注定要落伍，切不要认为这条规律仅适用于学者或高级技术人员。
>
> ——朗格朗

首先，要培养自觉学习的习惯。要明确学习目的，端正学习态度，把自己的人生理想与实现中华民族伟大复兴的中国梦紧密结合起来，提高学习的自觉性。

其次，要掌握科学的学习方法，把握学习的主动权，逐步提高自己的综合素养。

最后，要注重培养自学能力。由于知识更新速度不断加快，在实践中只有不断学习新知识，吸收新知识，才能满足自己职业发展的需要。

身边的故事

一名数控工人的成长之路

有这样一名工人，他不仅精通金属切削加工的全套技能，而且熟悉数控机床的操作；他成功开发了 5 种类型共 17 台进口数控机床的加工功能，完成新产品开发 55 项，参加各种技术攻关项目 162 项，为企业创造了巨大的经济效益。

他曾获得“全国劳动模范”“五一劳动奖章”“全国十大杰出工人”等荣誉，拥有工程师和高级技师双职称，却仍坚守在一线生产岗位上。他就是全国劳模、上海液压泵厂数控工段长——李斌。

他的发展道路是这样的：在技校学车床的李斌毕业后进入上海液压泵厂，被安排到铣床操作岗位上。这个在别人看来专业不对口的分配，李斌却把它当作一次学习技术的好机会。工友们发现这个平常话不多的小伙子不仅很快适应了自己的工作，而且对车间里每个工种的工作都很感兴趣，常常虚心地向师傅们请教。李斌肯下苦功练习，为此手上经常贴满了创可贴。凭着好学肯钻的精神，李斌很快就精通了车、钳、刨、磨、铣等金属切削加工的全套技能，再难的零件加工任务到了他手上都能保质保量地完成。

经过多年的勤奋工作和不断学习，李斌的实践技能和专业理论都有了质的提升，实现了由一名操作型工人向知识型工人、专家型工人的飞跃。人们非常惊奇，一个技校生为何能成为“全国十大杰出工人”？李斌的回答是：“是学习让我成长。岗位缺什么，我就学什么；企业需要什么，我就补什么。”

▶ 思考：你是如何理解“岗位缺什么，我就学什么；企业需要什么，我就补什么”这句话的？

学以致用

[课堂活动]

活动 1：议一议

“中职阶段的学习让我学到了一技之长，使我在激烈的市场竞争中多了一个筹码。”这是一名中职毕业生的肺腑之言。请结合自己所学专业，以及本专业对应的职业群，说一说：目前你能胜任什么岗位？要适应职业需要，你还需掌握哪些知识与技能？

活动 2：填一填

1. 我成绩最好的一门课是 ____，
原因是 ____。

2. 我学得最不理想的一门课是 ____________________________________，
原因是 ____。

3. 改进的措施是 ____。

[课外拓展]

1. *访一访*

访问一下你身边学习成绩优秀的同学。他们的哪些学习经验值得你借鉴？

2. 查一查

设计一个职业生涯规划与措施检查表，并根据自己的实施情况和现实的变化情况进行检查与修正。

[思考职业与人生]

1. 如何按照职业生涯规划的目标规范自己的日常行为？
2. 职业生涯规划应定期检查和修正的内容有哪些方面？
3. 定期检查职业生涯规划的方法有哪些？
4. 作为中职学生，你认为应当如何珍惜在校学习的机会？

第十三课　调整规划，适应发展条件变化

职业生涯是一个动态的过程，变化总在发生，职业生涯规划也不可能一成不变。本课主要阐述职业生涯规划调整的必要性以及调整职业生涯规划的时机与方法。如何根据经济社会发展和自身条件变化，对职业生涯规划进行适时调整，是本课重点学习和操练的内容。

案例导入

危机来临

刘洁和王晓是某中职学校文秘专业的同班同学。毕业后，她们按照自己的职业设想，应聘到同一家贸易公司当文员。刘洁很喜欢自己的职业，工作踏实努力，而且她意识到英语在工作中很重要，业余时间坚持进修商务英语口语。王晓觉得自己越来越不喜欢文秘工作，可是一时又没有新的方向，所以得过且过。工作第二年，因受国际贸易不景气等因素的影响，她们所在的贸易公司开始裁员，参加工作时间不长的刘洁和王晓失去了工作。

面对突如其来的职场变故，刘洁很快调整好自己的心态，利用自己的工作经历，重新设计了简历，开始寻找适合自己的工作。没多久，她参加了一家企业的面试，凭借出色的英语口语和文秘专业知识与技能，她找到了一份秘书工作。王晓却几次面试未果，一直感慨自己运气不佳。

1. 为什么面对同样的职场变故，刘洁和王晓的发展机会却不同？
2. 面对职场变故，我们应如何调整职业生涯规划？

一、与时俱进——调整职业生涯规划的必要性

社会在不断发展进步，职业生涯也是一个动态的过程，职业生涯规划制定之后，并不意味着一劳永逸。客观实际情况变化了，职业生涯规划也需要根据这种变化不断进行调整、修正和完善，从而行之有效，真正做到与时俱进。

变化的社会与变化的职业

职业状况与经济社会的发展水平密切相关。随着经

济社会的快速发展，产业结构、行业结构调整的速度加快，与之相适应的职业结构，如职业的种类、数量和分布情况等，也发生着快速的变化。在现实生活中，一些新职业开始涌现，一些传统职业的内容正在发生着变化，一些职业则已消亡。近年来，由于产业结构的调整、升级，新兴行业在我国不断兴起，互联网金融、电子商务、物联网等迅速发展，这些都是经济社会发展的直接结果。

超链接

仅美团平台上因新业态而孕育的新职业就超过了 70 种。这些新职业包括：

1．已经纳入国家职业分类大典的网约配送员、互联网营销师、老年人能力评估师、在线学习服务师等。

2．尚未纳入国家职业分类大典，但已在生活服务业中有一定规模的职业，如数字化运营师、互联网在线教育培训师、密室设计师、收纳师等。

3．从业者尚未形成规模，但已经伴随新兴行业发展呈现良好发展态势的职业，如社区团购团长，私影行业的观影顾问、版权购买师，轰趴馆的轰趴管家，VR 行业的 VR 指导师，轻食行业的套餐设计师、卡路里规划师，茶饮行业的奶茶试喝员，为宠物研发美食的宠物烘焙师等。

科学技术的进步也推动着职业的变迁，现代科技的发展带来了许多新技术、新产品、新工艺、新设备，对它们的研究和应用也会导致新旧职业的更替。比如：伴随着移动互联网的普及，出现了 App 工程师、新媒体运营专员、UI 设计师等新职业。

议一议

1. 下图中哪些职业是新兴的职业？哪些是即将消失的职业？为什么？

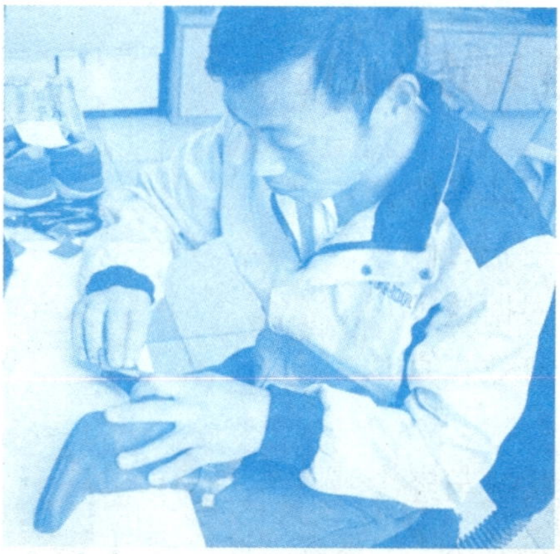

皮革护理员

补锅匠

色彩搭配师

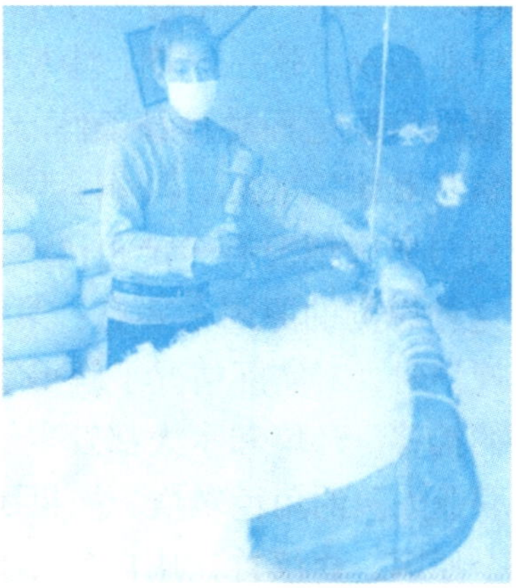
弹棉花匠

2. 你所在的学校近年来有新开设的专业吗？如果有，试分析一下原因。

与时俱进的职业生涯规划

事物总是不断发展变化的。中职生要想最终实现自己的职业理想，在进行职业生涯规划时，就必须跟上时代的步伐，以免被社会淘汰。

中职生在校期间进行的职业生涯规划，是在有了职业理想的萌芽与对职业的认知，进而在职业目标初步确立的基础上完成的。随着年龄的增长、知识的丰富、能力的增强，中职生对自身、对社会、对职业有了更加深刻的认识和了解，价值观和职业观也会发生变化。

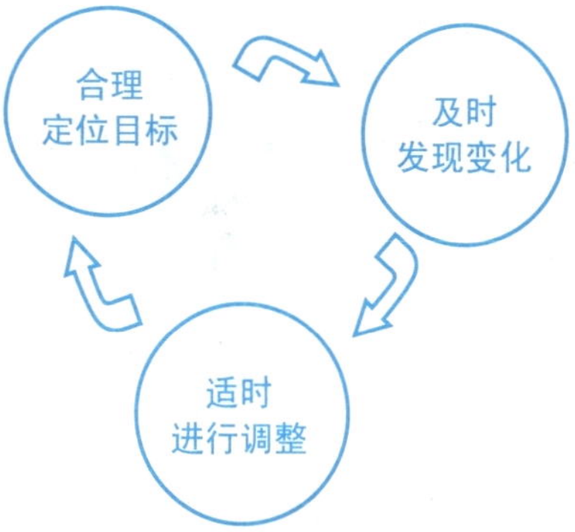

变化是人生的常态，也是职业生涯发展的常见现象。这就要求中职生的职业生涯规划做到与时俱进，灵活调整，在实施中检验规划的效果，及时诊断职业生涯规划各个环节出现的问题，找出相应的对策，并对职业生涯规划进行调整与修正。这样才能让职业生涯规划更加合理、更有意义，职业理想才有可能实现。

二、机不可失——调整职业生涯规划的时机

在职业生涯发展过程中，会出现各种机会或问题，为此职业生涯规划应当适时调整以应对环境及自身条件的变化。那么，具体应当在何时进行调整呢？其关键在于判别和把握好调整的时机。

判别调整的时机

随着环境以及自身条件的变化，人们会有更多的选择与调整的机会，这种选择与调整一直贯穿于职业生涯的始终。对初次走入社会与职场的中职毕业生而言，职业生涯规划调整有两

个最佳时期。

一是毕业前夕。这一时期，中职生有了一些实践后，根据求职过程对自身条件的检验，以及新的职业信息和供需实际，可能会感到自己的职业生涯规划与实际情况有一定距离，甚至相距较远。产生这种感觉的原因主要有：第一，在制定职业生涯规划时，对实际情况了解得不够；第二，随着时间的推移，环境和本人都发生了较大的变化；第三，自己还没有完成从“学校人”到“职业人”的角色转换。如果属于前两个原因，建议调整职业生涯规划。如果属于第三个原因，建议首先从自身着手，加快自己适应社会的步伐，尽快完成角色转换，然后再考虑调整规划。

能够适应社会变化并能对变化做出适时调整的人，才是一个有头脑的人、一个有准备的人。

二是工作后三年到五年。这一时期，中职生有了从业的实践，根据从业过程对自身条件的检验，以及周围环境和自身素质的变化，在职业成长过程中可以调整职业生涯规划。这一时期调整的原因主要有三个：第一是“人职不匹配”。初入社会，很难一下子就找到适合自己的职业。在初次上岗的从业实践中，又很难按照岗位对从业者的要求调整自己，难以达到人职匹配。第二是规划不明确。面对千变万化的职场，对自己到底适合做什么、不适合做什么，都需要靠实践检验。第三是有了新认知。有了从业经历，对社会、对人生有了切身体验和更深的认识，对职业生涯的发展有了新的追求。

思维广角

百货店牛仔裤

李维·斯特劳斯（Levi Strauss）是牛仔裤的发明者，但是你知道他是怎样发明牛仔裤的吗？

18 世纪 40 年代后期，在美国加利福尼亚州发现了金矿，形成了“淘金热”。刚 20 岁出头的李维也挡不住黄金的诱惑，放弃了早已厌倦的文职工作，来到圣弗朗西斯科，加入了浩浩荡荡的淘金人流中。

不久，李维就认识到一个现实：淘金者太多，而淘到金子的却只有极少数人。怎么办？是继续淘金还是回家？细心的李维发现，淘金的人还在源源不断地涌来，但在荒凉的西部，给人们提供日用品的商店却奇缺。李维当机立断，及时调整了职业方向。他在当地开办了一家销售日用百货的小店，结果生意十分兴旺。

在经营百货店的过程中，李维又发现其他货品卖得都很好，只有搭帐篷、做马车篷用的帆布无人问津。一天，他问一个来买东西的淘金工人："你需要帆布搭帐篷吗？"那个工人回答说："我们需要的不是帐篷，而是淘金时穿的耐磨的裤子。"李维深受启发，当即请裁缝给那位"淘金者"做了一条帆布裤子，这就是世界上第一条工装裤。由于帆布裤比棉布裤更耐磨，大受淘金工人的欢迎。"李维的裤子"不胫而走。很快，李维又一次调整了职业方向：变卖了小百货店，开办了专门生产帆布裤的公司。如今，这种帆布裤已经成了一种世界性服装——Levi's 牛仔服。

▶ **思考：**

1. **如果李维没有放弃淘金，他会怎么样呢？**
2. **李维的成功对你调整职业生涯规划有什么启发？**

把握调整的时机

有位名人说过：成功的秘诀在于随时随地把握时机。对于中职生来说，职业生涯规划的最佳调整期大致在职业生涯的前五年，及时认识期间可能出现的问题，把握住解决问题的时机，提前做好规划，自己才能掌握主动权。

中职生在职业生涯的前五年，通常要完成的任务是：

第一，如果顺利适应职业，完成角色转换，在工作岗位上站稳脚跟乃至开始晋升，就应坚持原定的发展方向，进一步完善原定的发展措施。

思维广角

蘑菇定律

蘑菇定律是指初学者常常会像被培育的蘑菇一样被置于阴暗的角落不受重视，还要接受各种无端的批评、指责，甚至代人受过，得不到必要的指导和提携，而处于"自生自灭"的过程中。蘑菇生长会经历这样一个过程，人的成长往往也会经历这样一个过程。这就是蘑菇定律，又称萌发定律。

我们应当如何度过蘑菇期呢？

刚刚踏入社会的中职毕业生，都期望拥有一份挑战与乐趣并存、薪酬丰厚的职业，而事实上，初涉职场的年轻人由于缺乏经验、缺少对单位文化的了解，很难被委以重任；当期望与现实发生矛盾时，很多人会丧失信心，失去对工作的热情，工作时采取敷衍了事或应付的态度。在这一阶段，职场新人要不断调整自己的心态，踏踏实实做人，认认真真做事，保持静心、耐心、细心、专心，乐观自信地对待工作和生活，这对中职毕业生尽快走出职业生涯的蘑菇期非常重要。

▶ **思考：**

1. **问一问已经毕业的师兄、师姐是否经历过职场蘑菇期。**
2. **他们是如何完成角色转换度过蘑菇期的？**

第二，在职业实践中，如果发现原定的规划与实际不符，就应重新审视自己，分析正在变化的环境，在实事求是地认识自己的基础上，修正发展目标，调整发展方向。

机会老人先给你送上他的头发，当你没有抓住感到后悔时，却只能摸到他的光头了。

超链接

职场指南

工作时间	发展目标	主要疑问	专家意见
第一年	初入职场，适应社会	我是谁？ 我想干什么	初入职场的首要任务是完成从“学校人”向“职业人”的角色转换。需要克服个人期望与实际情况的落差所带来的不安全感，以适应企业的环境，掌握工作的规则和程序；在听从领导、同事指导与管理的同时，获得认同
第三年	明确定位或转换职业	我能干什么？ 能干好什么	此时的你应该成为独立的职业人，在工作单位内部找到成为某一方面专才的定位。人在选择第一份工作时，存在盲目性是难免的，而工作三年的你，就应该能根据自我对外部环境的认识及个人发展潜能来重新评估自己的职业方向与目标。如果你发现当前的职业不适合自己，就应思考是否需要改变方向，重新设定目标
第五年	职务晋升或调整方向	我将成为什么人	现在的你正迈出向管理人员方向发展的第一步，这时，你应该向着成功经理人的方向努力。如果你发现自己不适合担任管理者，那么，你应该考虑做一名优秀的专业技术人员

▶ **思考：**

1. **你期望的第一份工作是什么？**
2. **工作三年和五年后，你预期的发展目标分别是什么？**

三、有想法更要有办法——调整职业生涯规划的方法

“工欲善其事，必先利其器。”职业生涯规划的调整要讲究方法，切忌盲目。要在充分评估职业环境、职业要求以及自身情况对职业生涯影响的基础上，找准职业方向，再进行修正与完善。

通过“我能干什么”“我能干好什么”的自我审视，掌握个人条件的变化及其在职业实践中检验的结果，可以加深对自己的认识，同时检验自己的职业素质是否符合所选择的职业。

评估自身条件

对于中职在校生来说，在进行初次职业生涯设计时，应强调先分析发展条件、后确定发展目标，以避免眼高手低。但对于已有求职或从业经验的中职毕业生来说，进行职业生涯规划的调整，往往应先确定发展目标，再评估当前自身的条件，这样才能检验初定目标是否符合实际。

身边的故事

怎么办？

小王毕业于某中等职业学校电子商务专业，他的职业目标是做淘宝店美工设计师。毕业后，他开始四处寻找工作，也曾在网上投递了多份简历，大多是应聘淘宝店美工设计师之类的岗位，但由于缺乏工作经验，他一直没有获得面试的机会。虽有一家销售公司给了他面试机会，但因专业不对口，且无销售工作经验，结果面试以失败而告终。后来，一个亲戚介绍他到一家公司做文员，主要从事简单的电子文档整理工作。干了几个月，他觉得不满意，因为他认为这份工作不仅对自己的职业发展没有帮助，而且自己的特长也得不到发挥。下一步该怎么办呢？他感到十分迷茫和困惑。

▶ **思考：**

1. **小王为什么一直找不到适合自己的工作？**
2. **他应怎么调整？请你给他一些建议。**

评估职业生涯机会

职业生涯机会的评估，主要是分析环境因素对自己职业生涯发展的影响，每一个人都处在一定的社会环境中，离开了这个环境，便无法生存与成长。这就要通过“什么职业我可以胜任”的自我审视，对求职环境或从业环境进行再分析，评估自己的职业生涯的机遇和障碍因素。

职业生涯机会的评估，是指对当前经济社会发展趋势、所从事的职业在当前与未来社会中的地位、社会发展对自身发展的影响、自己所在企业的内外部环境、个人的人际关系等因素进行评估。但是，这种对发展环境的评估，与对自身条件重新评估一样，是在原定目标和实际情况已有差距、对新目标已经有新想法的基础上进行的。因此，重新评估职业生涯机会，不但要对原先规划的职业生涯发展机会进行再评估，更要围绕新目标实现的可能性和外部环境进行分析，以便对职业生涯未来的发展机遇和障碍做到心中有数。

身边的故事

这种坚持对不对？

小张是一名金融专业的中职生，之所以当初报考金融专业，是因为当时他听很多同学说金融专业将来有前途。至于将来到底会怎样，小张却没有多想，觉得反正跟着大家走就对了，走到哪算哪，天无绝人之路。

临近毕业时，小张所在的学校请来一位金牌保险推销专家来给即将毕业的学生传授就业与工作的经验。百无聊赖的小张也坐在了会场里，乖乖地做起了听众。

听了几次这位保险推销专家的讲座后，小张深深地迷上了保险这个行业。他越听越兴奋，越听心里越躁动不安。每次讲座结束，小张都要找到这位专家，向他请教关于保险的问题。最终小张决定毕业之后转投保险业，希望自己将来也能成为一名优秀的保险推销员。专家问小张为什么想改行，小张回答说：“自己本来就对金融专业没有多大兴趣。做保险不仅能帮助他人，而且自己还能挣大钱。”

小张实习了几个月，竟然连一张保险单都没能签下来。小张还想坚持，因为他认为自己还年轻，年龄上有优势。至于坚持的结果究竟会怎样，小张现在心里也没了底。

▶ **思考：**

1. **小张转行并坚持做保险推销员的行为对你有什么启示？**
2. **如果你是小张的朋友，你会给他什么建议？**

修正职业生涯规划

必要时，应在对自身条件和职业生涯发展机会重新评估的基础上，调整职业生涯发展目标，并据此对职业生涯发展规划进行修正。

职业生涯规划修正的主要内容包括：职业方向的重新选择、职业生涯路线的选择、阶段目标的修正、实施措施和计划的变更等。其中，选择更适合自己的发展方向，彻底解决“我为什么干”的问题，是修正职业生涯规划的关键。

中职毕业生应该明确自己发展目标的价值取向，定期根据自己的职业实践进行理性评估，找出差距和不足，根据内外环境的变化，及时修正自己的职业生涯规划，针对自己的薄弱环节进行弥补和提高。这样才能使职业生涯规划行之有效，引导职业生涯正确发展。

身边的故事

找对适合自己的位置

王丹从一所中职学校酒店服务与管理专业毕业后，应聘到一家四星级酒店公关部工作。性格内向、不善言辞的她自知与其他口齿伶俐的同事相比，自己很不起眼，于是，专职负责对外联络的她每次都要求自己把工作做到最好。四年后，部门经理跳槽了，总经理认定踏实肯干的她是最佳接替人选，她意外地当上了公关部经理。

任职不到一年，王丹几乎被工作压垮了。公关部经理工作内容繁杂、要求高、应酬多，性格内向的她感到压力很大，觉得很多时间、精力都花在了无意义的事情上。向总经理汇报工作时，拙于言谈的她经常被问得哑口无言。从总经理的脸色中她读到了越来越多的不满，她自己也对这份工作产生了前所未有的厌烦。苦恼的王丹找到了职业指导师，希望能得到指导与帮助。

职业指导师对王丹的自身条件和职业生涯机会进行了评估后，提出了如下建议：目前的职位虽然并不是王丹所喜欢和擅长的，但是她仍然喜欢在这家酒店工作，她的敬业精神、工作态度还是得到领导认可的。她应找机会向总经理言明自己的处境和期望，坦陈这一岗位不适合自己的理由，让总经理给自己找一个适合自己的岗位。

王丹听从了职业指导师的建议，通过与总经理沟通，调整了岗位。现在的她在酒店担任质检部经理，而且还利用业余时间进修了沟通与管理等方面的课程。领导对她的工作很满意，她自己也干得游刃有余，越来越自信。

▶ 思考：王丹找到适合自己的位置的故事，对你有什么启发？

落实修正后的职业生涯规划

职业生涯规划的贯彻、落实和其设计、制定同样重要。回顾自己对原规划中发展措施的落实情况，反思原规划中发展措施的针对性、实效性，既有利于新措施的制定，也有利于新措施的落实与执行。这种回顾与反思，不仅是调整职业生涯规划的需要，也是自我管理能力提高的需要。

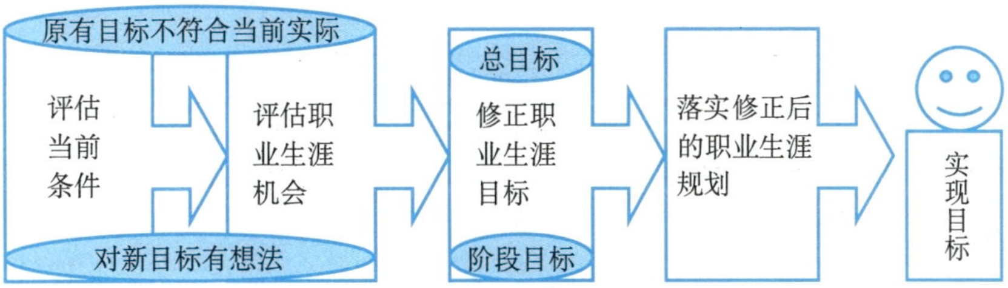

职业生涯规划调整的环节

没有行动的理想、目标和计划只能是空中楼阁。中职生要想获得职业生涯的成功，必须注重培养自己的行动能力，把目标和措施落实到每一天的具体活动中，决不能做“语言的巨人，行动的矮子”。

学以致用

[课堂活动]

活动 1：温水煮青蛙

有一个关于水煮青蛙的实验：把一只青蛙放进装有沸水的容器中，它会马上跳出来。但把一只青蛙放进装有常温水的容器中，慢慢地加热至沸腾，青蛙刚开始时会很舒适地在容器中游来游去，当它发现太热时，已经没有能力跳出来了。

讨论：这个实验对你有什么启示？你在进行职业生涯规划的过程中，应如何避免变成那只被煮的青蛙？

活动 2：

请填写你的 5W。5W 分析可以帮助你梳理职业生涯目标的选择。

（1）What am I？（我是谁?）

优势：______________________________

不足：______________________________

（2）What do I want to do？（我想做什么?）

____

（3）What can I do？（我能做什么?）

____

（4）What does the environment support me to do？（环境支持我做什么?）

____

（5）What is my ultimate goal？（我最终的目标是什么?）

____

为了实现我的职业目标，我的行动计划是：

____

[课外拓展]

调查本校毕业生的就业情况，具体内容如下：

1. 调查对象

学校职业指导部门的老师、前几届本专业的毕业生、相关的用人单位等。

2. 调查内容

了解本专业毕业生在毕业时选择职业的情况。

了解本专业毕业生步入职场后，在工作中遇到的困难以及应对措施等。

了解用人单位对本专业人才的需求状况、招聘要求等。

了解学校本专业近几年毕业生的就业率、就业变化、就业分布等。

3. *活动要求*

按照调查对象，将学生分成若干组；调查结束后，各组将调查结果和调查感受整理成书面材料，写出调查报告，并据此调整自己的职业生涯规划；将调查结果在全班或全年级进行分享、交流。

[思考职业与人生]

1. 收集本地区、本学校职业生涯成功者的案例，了解和分析他们面对变化是怎样进行职业生涯规划调整与修正的。

2. 对职业生涯规划进行调整应采取哪些有效的方法？

3. 如果你已经制定了职业生涯规划，针对目前你自身条件和外部环境因素的变化，想想应当如何进行调整。

第十四课 科学评价职业生涯发展

每个人都渴望取得职业生涯的成功，但每个人对职业生涯成功的定义却是不同的。本课主要阐述科学评价职业生涯发展对实现职业理想的重要性。我们应当怎样科学地评价职业生涯的发展，以及如何学会对自己的职业生涯规划做出评价和调整，是本课重点学习和操练的内容。

案例导入

梦想与现实的沟壑

小唐出生在一个偏僻的贫困山村，幼年时父亲患了重病，因无钱医治，一直没能得到很好的治疗。年幼的小唐立志要成为一名医生为父亲治好病，同时让村里像父亲这样的病人能及时得到医治。从卫校毕业后，小唐通过继续深造，取得了医师资格证。为了实现儿时的梦想，他回村当了一名村医，不管有钱没钱、白天黑夜、天晴下雨，只要村民打电话，他都会及时出现。由于村民散居于群山之中，有时候诊费还不够贴补摩托车的油钱，付出和回报不成正比。村子里外出打工的年轻人都在城里买了新房，他还住在土木结构的旧房子里，但小唐仍无怨无悔地坚守着。

小唐除了坚持为村民看病，负责乡村基础医疗工作外，还自费到医学院进修，不断提高自身的专业能力。镇中心卫生院见他医术高超，曾经想让他去上班，但他拒绝了，他说："我走了村里就没有医生了，村民们怎么办？我最大的愿望就是尽我所能服务好村民。"

1. 你认同小唐放弃去镇中心卫生院工作的决定吗？你认为他的职业生涯成功吗？
2. 你认为评价职业生涯成功有标准吗？如果有，评价标准应当包括哪些方面呢？

一、姹紫嫣红都是春——评价职业生涯成功的不同价值取向

职业价值取向是指人们对职业的倾向性意识和行为，实际上是人们谋取一份职业的社会行为目的。一个人的职业价值取向包括：对专业、职业本质的认识，选择专业、职业的标准，职业理想等。职业价值取向与一个人的职业成功和职业满意度息息相关。

成功的核心在于职业生涯

每种职业都有其特性，不同的人对职业意义、职业好坏有不同的评价和取向。虽然人们的理解各不相同，但有一点是共同的，那就是职业生涯的成功能让人产生自我价值实现的成就感，能促进个人素质的进一步提高和潜能的挖掘。具体来说，职业生涯成功包括三方面内容：第一，达到自我设定的发展目标。例

> 如果只把工作当作一件差事，或者只将目光停留在工作本身，那么即使是从事你喜欢的工作，你依然无法持久地保持对工作的激情。但如果把工作当作一项事业来看待，情况就会完全不同。
>
> ——比尔·盖茨

如，能够到自己向往的企业工作、能够从事自己感兴趣的职业。第二，能够得到外部世界的认可，并且具有可衡量、可证实的结果，如职位、收入、社会声望、专利发明、获奖证书等。第三，能够满足高层次的心理需求，既能得到社会的认可，又能满足自我实现的需要。

职业生涯成功的个人取向

职业生涯成功，是一个人对自己职业生涯发展结果的积极评价和认同。由于人们有着不同的职业期望，对于诸如金钱、地位、职位、工作乐趣、人际关系、工作的挑战性的重视程度不同，他们所认定的职业生涯成功的内涵也不尽相同。对于同一个人，职业价值取向会随着人生经历的积累和自己世界观、人生观、价值观的变化而改变。每个人都可以、也应该对自己的职业生涯成功进行明确界定。

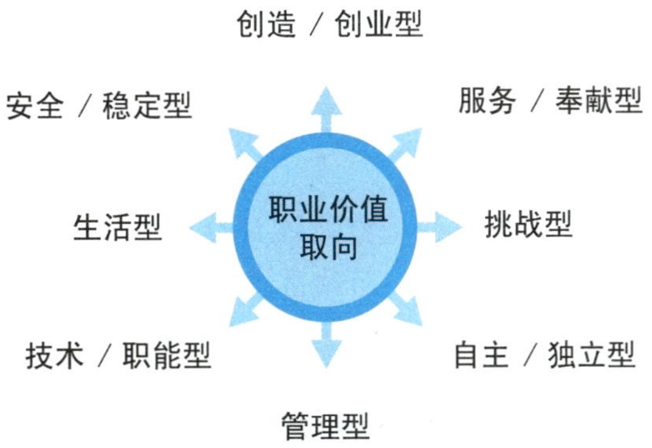

身边的故事

小徐是一所中职学校会计专业的学生。毕业季来临，凭借在校学习期间参加技能大赛所获的奖项和优异的实习成绩，再加上应聘时的精心准备，小徐收获颇丰，收到了好几家公司的聘书，随之而来的问题就是选择哪一家呢。其中一家是国有企业，工资待遇一般，工作压力小，且比较稳定，但晋升的机会很难争取。另一家是业内著名的会计师事务所，小徐的职位是助理，薪水较高，内部管理体系科学、专业，同事都是有工作热情、个人素质非常优秀的年轻人，但会计师事务所的工作压力大是众所周知的，而且工作几年后就会面临瓶颈，不得不重新考虑出路。还有一家是民营企业，很重视员工的技术能力，有很大的发展空间，但工资一般，工作繁忙，管理上也有很多不足。

▶ 思考：如果你是小徐的同学，你会建议他去哪家企业？并说说你的理由。

对于职业生涯发展来说，工作或职业的满意度是最为重要的价值目标。职业生涯的成功能让人产生自我价值实现的成就感。在职业发展中要努力找到个人职业价值取向与自己所适合职业的结合点。只要自己的能力得到提升，职业素质得到发展，每个阶段都有切实提高，利用自己的专业知识和技能服务社会，在满足他人需要的同时，也能找到自己在社会中的位置，实现自身价值，就是个人职业生涯的成功。

思维广角

我为什么而工作？

经济报酬：获得优厚的报酬，有足够的经济能力去获得自己想要的东西，生活过得较为富足。

安全稳定：不管自己能力怎样，在工作中有一个安稳的局面，不会因为奖金、加薪、工作调动等让自己烦恼。

得到认可：逐步做好自己想要做的事，不断取得成就，不断得到领导和同事的认可。

社会地位：所从事的工作在人们的心目中有较高的社会地位，能获得他人的重视与尊敬。

自我实现：希望通过自己所学专业和辛勤付出实现创业成功，然后在家乡创办企业，带领乡亲们一起致富。

▶ 思考：

1. 你的职业价值取向更接近哪一种呢？

2. 有些人在找工作时只想找一个受人尊重、收入高，又不怎么辛苦的工作，而一旦达不到自己的要求，就频繁地跳槽寻找新的工作，你如何看待这种职业价值取向？

职业生涯成功的社会取向

成功的职业生涯是从业者将自身的兴趣、价值观、能力等个人因素与社会需要等社会因素不断协调以实现二者平衡的过程，最终达到个人与社会的双赢。

作为社会的一员，人人都希望自己有一定的社会地位，个人的能力和成就得到社会的承认。这就要求求职者在择业过程中既要考虑自己是否有实力、有信心，也要考虑所选职业能否得到别人的尊重、信赖和高度评价。实现二者的平衡，能使人对自己充满信心，对社会满怀热情，体验到自己存在的价值和意义。2018 年修正后的《中华人民共和国宪法》指出：国家倡导社会主义核心价值观，提倡爱祖国、爱人民、爱劳动、爱科学、爱社会主义的公德。在评价一个人的职业价值观时，我们既要注重实现自我价值，又要考虑国家和社会的实际需要。青年一代有理想、有本领、有担当，国家就有前途，民族就有希望。每位职教学子，都应在实现中国梦的生动实践中放飞青春梦想，在为人民利益的不懈奋斗中书写人生华章！

超链接

职业价值取向

心理学家马丁·凯茨曾经将职业价值取向总结为10种，归纳了大多数人在工作中追求的价值。

1．高收入：工作薪酬除了能够满足你生活所需外是否还可以让你享受生活。

2．社会声望：工作能否为你赢得别人的尊重。

3．独立性：你在工作中是否拥有独立做主的权利和自由。

4．帮助别人：你能否通过工作实现增进他人福利的目的。

5．稳定性：工作能否为你提供稳定的收入和一定的安全保障，至少使你不会在短期内失业或换工作。

6．多样性：你是否接受不断变换工作内容使你经常接受新挑战、新任务。

7．领导力：你是否可以通过工作影响别人，并有权控制事情的发展。

8．兴趣：工作能否满足你的兴趣和爱好，使你发挥最大的热情。

9．休闲：工作能否满足你对休闲的需要，使你有足够的时间去调整自己。

10．自我成长：工作能否为你提供培训和增长见识的机会，使你不断增长工作经验，提高工作技能。

▶ **思考：**

1. **和同学分享一下你的职业价值取向，比较一下你们的职业价值取向是否相同。**
2. **谈一谈你是如何选择自己的职业价值取向的。**

二、全面盘点——评价职业生涯发展的要素

职业生涯的发展是个人职业不断进取、不断完善的创造性过程，“成长性”是职业生涯应当具有的特性。每个人的职业生涯都是一种发展、演进的动态过程，是一个逐步实现阶段目标，并不断判定和实施新目标的过程。评价职业生涯发展是对职业生涯的阶段性总结，可以帮助从业者调整职业状态，明确新的方向和目标，获得职业生涯的成功。

评价职业生涯发展的必要性

职业生涯是人一生中最重要的历程，对一个人人生价值的实现起着决定性作用。在不同的职业生涯阶段，自身的职业技能和素养、外部的工作环境以及自身所拥有的社会资源，都是在不断变化的。适时明确自己的目标和追求，了解自己的优势和劣势，及时进行自我调适，有助于我们树立正确的职业理

想，制定科学的职业发展目标，顺应社会发展的要求，充分发挥自己的优势和潜能，从而实现自己的人生价值。因此，除了要学会规划自己的职业之路外，正确认识和评价自己的职业生涯发展，也是我们每个中职生的必修课。

职业选择是一辈子的事情，并且和一个人终生的工作、生活共存。

评价职业生涯发展的要素

职业生涯发展是个人不断进取、不断完善的创造性过程，影响个人职业生涯发展的要素是多方面的，主要包含以下几个方面：

第一，职业生涯价值取向是否正确。职业价值取向决定了人们的职业期望，影响着人们对职业方向和职业目标的选择，决定着人们就业后的工作态度和工作绩效，从而决定了人们的职业发展情况。正确的职业价值取向应坚持在个人与社会的统一中实现人生价值，做到个人取向和社会取向并重。

第二，职业发展目标是否与自己的兴趣、特长、能力相契合。职业生涯能够成功的要诀之一在于所从事的工作正是自己所擅长的。如果选择的是自己喜欢的工作，就会充分调动自己的潜能；如果从事的是自己擅长的工作，就会事半功倍。

第三，职业生涯选择是否挖掘了个人职业优势。保持职业生涯的持续发展，需要学会充分挖掘自身的职业优势，综合利用各种职业资源，如家庭背景、区域文化、网络媒体、社会关系、亲朋好友、机遇等。要学会分析自己的职业优势，以促进职业生涯的成功。

第四，职业生涯发展是否符合社会发展需要。作为即将步入社会的中职生，要善于把握社会发展脉搏，了解所学专业在社会上的需求形势、社会发展对自身发展的影响等。只有职业生涯发展与社会发展方向保持一致，才能对职业发展起到积极的促进作用。

上述要素对职业生涯发展的影响作用是各不相同的，它们融于职业发展的各个环节，我们应正确理解和评价这些要素，认真考虑它们对职业生涯发展的重要作用，学会用它们来评价我们的职业生涯。

你今天站在哪里并不重要，但是下一步你迈向哪里却很重要。

身边的故事

小倩是一名中职学校计算机专业的毕业生。学习计算机专业是父母为她选择的，理由很简单——计算机应用广泛，行业发展前景好。可是，小倩觉得自己的逻辑思维能力不强，不是搞软件的料，学习劲头不足，成绩也很一般。毕业后，通过父母朋友的帮助，小倩进了一家软件公司。工作了两年后，小倩觉得计算机技术更新得太快了，自己在这方面真的不擅长。在一次同学聚会上，她听一位同学说做销售不错，心想自己口才好，爱交朋友，沟通能力强，应该去做销售。于是，她就做起了销售。可是，开拓市场也不是容易的事情，那个同学比她早做两年，业绩自然比她好，小倩心里却觉得不平衡，觉得做销售没什么前途。五年时间飞快地过去了，她的那位同学已经成了销售主管，有的同学经过不断进修，也成了软件行业里的高手，小倩却对自己的未来感到很茫然。

▶ 思考：

1. 你如何评价小倩的职业生涯发展？

2. 你认为小倩应该如何规划自己的职业生涯？请你为她提出合理化建议。

三、审慎与亮分——评价自己的职业生涯规划

职业生涯规划制定完成后，还需要进行评价和反馈。评价自己职业生涯规划的过程是一个对自己再认识、再发现的过程。审视自己的职业生涯规划，调整自我，不断地修正自己的职业生涯策略和目标，可以更好地满足自身发展和社会发展的需要。具体而言，我们可以从自我评价和他人评价两个视角来评价自己的职业生涯规划。

职业生涯规划的自我评价

一个人如果能够正确地认识和评价自己，就能正确地对待和处理个人与社会的关系，有利于克服自己的缺点、发扬自己的优点，在工作中充分地发挥自己的作用。中职生对个人职业生涯发展的评价是所有评价维度中最重要的方面。

评价个人职业生涯规划，应当从自身条件出发，考虑自己制定的职业生涯规划是否符合自身条件，能否发挥自身优势、满足自身需求、激励自己不断努力，是否有利于职业生涯可持续发展，等等。

填一填

请结合自己的职业生涯规划，对你的表现进行自我评价，并提出修正措施与新的规划。

项目内容	收　获	教　训	新的领悟	修正措施	自我评分	新的规划
学习						
工作						
生活						

职业生涯规划的他人评价

虽然我们在全面剖析自我和社会需求的基础上完成了职业生涯规划的设计，但作为在校生，我们的世界观、人生观、价值观还处于发展时期，对自己的评价不可能完全精准、客观。此外，由于缺乏工作经历和社会经验，我们对社会需求和职业岗位特点的了解也不太全面。因此，在进行自我分析的基础上，中职生还应当学会借助他人的智慧和力量，包括老师、家长和同学等，根据他们的指导和建议完善自己的职业生涯规划。

谈一谈

每位同学分别请家长和本专业相关职业岗位的从业者谈谈他们对职业生涯的看法，并对自己职业目标定位和职业生涯规划方法提出具体意见和建议。

家长和从业者对职业生涯的看法：

1．____________________

2．____________________

3．____________________

家长和从业者给自己的意见和建议：

1．____________________

2．____________________

3．____________________

4．____________________

5．____________________

填一填

把自己的职业生涯规划方案分别送给家长、老师、行业从业人员、学长、同学，听取他们的反馈和建议，然后把他们的建议汇总起来，从中提炼出有价值的意见，以进一步完善自己的职业生涯规划方案。

项目内容	日常表现	可贵之处	不足之处	能否实现	综合评分	改进建议
学习						
工作						
生活						

职业生涯是一个动态的过程，职业生涯规划的评价和反馈也具有一定的灵活性。中职生要学会根据环境的变化和目标的执行情况，不断地调整和修正自己的职业生涯规划，制定更合理的发展措施，使之对自己的职业生涯发展起到切实的促进作用。

知识窗

评价职业生涯规划的方法

1.360° 反馈评价法

360° 反馈评价法是由与被评价者有密切关系的人，包括被评价者的上级、同级、下级和服务的客户等对其进行评价，并结合被评价者的自我评价，向被评价者提供反馈，以帮助被评价者提高专业能力和工作业绩。在进行 360° 评价时，应尽可能广泛地向他人征求意见，这些人可以是自己的老师、同学、亲人、朋友、室友等。

2. 记录分析法

把一个工作日及非工作日的活动如实且无遗漏地记录下来，然后按照活动性质进行分类，如上课、自习、上网、课外活动、休息等。看看用于不同活动的时间是多少，认真分析自己的时间分配是否与自己的职业生涯目标相匹配。

3. 人物访谈法

请自己的同学、朋友、亲人或者你认为对你比较了解的几个人，对你进行全面、客观的评价。在此过程中，你可以提一些问题，看看他们从旁观者的角度对你有什么样的看法。最好把访谈内容记录下来，为修正自己的职业生涯规划提供参考。

▶ **思考：请你尝试用上述方法中的一种评价自己的职业生涯规划并和同学分享。**

学以致用

[课堂活动]

活动1：自评职业生涯规划

根据自己的职业意向，参照以下评价表，评价一下自己的职业生涯规划是否科学。

职业生涯规划设计自评表

评价内容	评价要点	结果分析
职业生涯价值取向是否正确	1. 这个行业是否属于朝阳行业？ 未来的发展前景如何？ 2. 这个行业的人才需求数量和空间有多大？	
职业生涯目标是否与自己的兴趣、特长相契合	1. 你非常期待这份工作吗？ 2. 你会把上班看作是进行创造性劳动吗？ 3. 你会全身心地投入这份工作吗？	
职业生涯选择是否挖掘了个人职业优势	1. 你的优势能得到充分发挥吗？ 2. 该行业对从业人员的要求是什么？ 3. 你能胜任这份工作吗?	
职业生涯发展是否符合社会发展需要	1. 你所拥有的职业资源有哪些？ 2. 你能利用的职业资源有哪些？ 3. 你还能挖掘出哪些职业资源？	

活动2：互评职业生涯规划

请同学们课前准备好自己的职业生涯规划书，以小组为单位，参照下面的评分表，对小组成员的职业生涯规划书在自评的基础上进行互评，看看有哪些需要改进之处。

职业生涯规划设计评价表

评价内容	评分要点	分值
自我认知（25分）	1. 自我分析清晰、全面、深入、客观，能清楚地认识到自己的优势和劣势	10
	2. 综合客观地评价自我，对职业兴趣、职业能力、行为风格、职业价值观的分析全面、到位	10
	3. 从个人兴趣爱好、成长经历、社会实践中分析自我	5
职业认知（25分）	1. 了解社会的整体就业趋势，并且了解中职生的就业状况	5
	2. 对目标行业发展前景及现状了解清晰，并且了解行业的就业需求	5
	3. 对行业的人力资源管理战略、企业文化等进行分析，能做到“人企匹配”	5
	4. 对目标职位的工作职责、任职者所需技能等进行分析，能做到“人岗匹配”	5
	5. 通过对外部环境的分析，能清楚地认识到自己面临的机会和挑战	5

续表

评价内容	评分要点	分值
职业目标设计（15分）	1. 职业目标确定和发展路径设计符合外部环境和个人特质（兴趣、技能、个性、价值观），符合实际，可执行、可实现	5
	2. 职业发展路径符合现实，职业目标具有可操作性和竞争力	5
	3. 能用长远的眼光设定职业目标，并将总目标划分成几个阶段性目标来实现	5
规划与实施计划（15分）	1. 行动计划清晰、可操作性强	5
	2. 行动计划在保持个人优势、全面提升个人竞争力方面针对性强	5
	3. 近期计划详尽，中期计划清晰并具有灵活性，长期计划具有方向性	5
评估与调整（10分）	1. 对行动计划和职业目标建立评估方案，如：要达到什么标准、评估的要素是什么	5
	2. 对职业路径进行可行性调整，备选方案也能充分根据对个人与环境的评估进行分析、确定	5
思路和逻辑（5分）	职业生涯规划书思路清晰、逻辑合理，能准确把握职业生涯规划设计的核心与关键	5
美观性（5分）	职业生涯规划书设计清晰、美观，具有一定的创意和新颖性	5

[课外拓展]

职业生涯人物访谈：选择一位你所学专业的职场人士，进行职业生涯访谈，并用视频记录访谈过程。运用所学知识评价访谈对象的职业生涯发展，并谈谈对自己的职业生涯规划有何启示。

访谈对象的姓名：________________

访谈对象的工作单位：________________

访谈对象的年龄：________________

访谈对象目前的职位：________________

访谈问题（参考）：

（1）可以分享一下您的受教育经历吗？

（2）可以介绍一下您的职业发展历程吗？

（3）您对目前的工作感到满意吗？（例如工作职位、工作薪酬、工作环境、人际关系、发展空间等）

（4）您认为目前的工作能够体现您的价值吗？

（5）在目前的工作中，您遇到过挫折和困难吗？如果有，您是怎样调整和解决的呢？

（6）您觉得做这份工作需要哪些职业素养和技能？如果您准备聘用一名应届毕业

生，您会看重他的哪些方面？

（7）您是如何看待所从事行业的发展前景的？

[思考职业与人生]

1. 为什么要进行职业生涯评价？
2. 如何判断职业生涯规划是否科学？
3. 在职业生涯规划实现过程中，如果自我评价和他人评价发生矛盾，你会怎么办？

参考文献

[1] 夏季春．职业规划创新与实战［M］．北京：科学出版社，2017.

[2] 布莱德·哈林顿，道格拉斯 T 霍尔．职业生涯规划与管理［M］．张星，张璐，译．北京：机械工业出版社，2013.

[3] 康桂花，姚松．创新创业基础［M］．北京：科学出版社，2017.

[4] 何增光．中职生创业密码［M］．广州：广东高等教育出版社，2016.

[5] 范琳，胡琼飞．职业生涯规划［M］．北京：中国人民大学出版社，2016.

[6] 黄华，郭汉祥．职业道德［M］．3 版．北京：中国劳动社会保障出版社，2013.

[7] 湖北省人才服务局．职业规划与就业指导［M］．北京：中国劳动社会保障出版社，2016.

[8] 符春玲，洪向阳，石宝东．中职生就业指导［M］．广州：广东教育出版社，2016.

[9] 曾雄兵．就业指导［M］．北京：电子工业出版社，2016.

[10] 方涛．快乐走向社会：职业生涯规划与指导［M］．苏州：苏州大学出版社，2015.

[11] 黄文军．从“完整的人”到行业精英：知行合一的大学生职业生涯规划手册［M］．苏州：苏州大学出版社，2015.

[12] 张彦忠．大学生职业生涯发展与规划［M］．北京：中国人民大学出版社，2015.

[13] 庞若通．就业指导与创业教程［M］．北京：人民邮电出版社，2015.

[14] 边明伟．职业规划与人生管理［M］．北京：中国水利水电出版社，2015.

[15] 洪向阳，蔡世玲．中职生职业规划与职业素养［M］．上海：上海大学出版社，2015.

[16] 樊旭敏．职业生涯规划［M］．北京：中国财政经济出版社，2015.

[17] 陈宝鹏，于经宇，赵冰梅．大学生职业发展与就业指导实用教程［M］．北京：航空工业出版社，2014.

[18] 周莉．职业生涯规划［M］．北京：中国人民大学出版社，2014.

[19] 赫崇飞．职业生涯规划教育［M］．北京：北京师范大学出版社，2014.

[20] 马春芳．就业与创业［M］．郑州：郑州大学出版社，2014.

[21] 王培俊．职业规划与创业体验［M］．2 版．北京：高等教育出版社，2014.

[22] 先桁，项凯标，刘锐剑，等．职业生涯规划管理与实务［M］．贵阳：贵州大学出版社，2014.

[23] 陈平．现代中职生创业导向［M］．厦门：厦门大学出版社，2013.

[24] 李惠芳．就业与创业指导［M］．北京：人民邮电出版社，2013.

[25] 王士恒，伍学雷．职业规划与自我管理［M］．北京：高等教育出版社，2013.

[26] 庄梅英．就业指导与职业规划［M］．北京：人民邮电出版社，2013.

[27] 蒋乃平，杜爱玲．就业与创业指导［M］．北京：北京师范大学出版社，2010.

[28] 闫岩，沈志莉，毛燕梅．职业生涯规划［M］．2 版．北京：北京师范大学出版社，2015.

[29] 姚裕群，曹大友．职业生涯管理［M］．4 版．大连：东北财经大学出版社，2018.

[30] 杜爱玲，蒋乃平．职业生涯设计学习指导［M］．北京：高等教育出版社，2007.

[31] 唐凯麟，蒋乃平．职业道德与职业指导［M］．北京：高等教育出版社，2006.

[32] 蒋乃平，杜爱玲．职业生涯设计［M］．北京：高等教育出版社，2006.

后 记

本书是集体智慧的结晶。为保证本书的质量与进度，中国人民大学出版社专门成立了《职业生涯规划（第四版）》编写组，在组织专家研讨大纲，调研、倾听一线任课教师的意见与建议的基础上，确定修订思路，对本书进行了大幅度的修改、补充和调整。

参与本书编写和修订的人员，既包括有着深厚专业学术背景的专家、在德育课教学方面有着丰富经验的中职学校高级教师，也有从事职业生涯管理的科研与企业人员。具体分工是:

第一课，北京市商业学校楚延香，杭州中策职业学校柯菁、王艳、张芳娜，中国人民大学姚裕群，北京市供销学校齐少宏。

第二课，北京市商业学校孙明利，北京市电气学校董静，北京市实验职业学校李文杰、檀志云。

第三课，广州市土地房产管理职业学校何倩明、朱丽玲，北京市求实职业学校夏雷震，北京卫生职业学院施韬。

第四课，北京教育学院丰台分院王恩，北京市丰台区职业教育中心学校张力，北京城市建设学校王海茹。

第五课，长春市第二中等专业学校董菲、李向珍，大连电子学校刘艳玲、杨葳，密云区职业学校张兰。

第六课，中国人民大学姚裕群，北京市商业学校陈济、田禾。

第七课，北京市商业学校于艳萍、陈济、田禾，北京市外事学校王晓丽。

第八课，中国人民大学姚裕群，北京铁路电气化学校王雪梅，汕头市科技中等专科学校杨小可。

第九课，北京教育学院丰台分院王恩，北京市丰台区职业教育中心学校王璐，中国人民大学姚裕群。

第十课，北京市劲松职业高中商连生，中国人民大学姚裕群，北京国际职业教育学校焦燕红。

第十一课，北京市劲松职业高中魏春龙，中国人民大学姚裕群，北京市求实职业学校贾若。

第十二课，北京市劲松职业高中杨辉。

第十三课，北京市劲松职业高中杨辉、张文静，北京市求实职业学校李朝霞。

第十四课，北京市劲松职业高中张瑜、韩柳，北京卫生职业学院韩悦、费杰，北京信息管理学校王立新。

本书的编写和修订工作得到了多方面的支持与帮助。教育部职成司、教材处有关领导热情关注本书的编写，朱启臻、张元、刘维汉、蔡少惠、邓伟明、俞建文、张人方、林安杰、普诚雨、张美林、黄春荣等专家对本书进行了认真细致的审读，靳丽英、马婕姝、赵娜、李晓风、姚清、朱振晓、叶华斌、刘美君等对本书提出了不少来自教学一线的修订建议，参加了资料收集、初稿写作、习题编写等工作，在此一并表示感谢!

由于时间关系，本书可能存在不足之处，恳请老师们在教学过程中提出宝贵的建议与意见，也可登录中国人民大学出版社的网站留言，以便我们及时对本书加以修订与完善。